FOCUS ON

초집중력
학습법

초집중력 학습법

지은이 · 정은기 | 펴낸이 · 박은서 | 펴낸곳 · 새론북스

편집 · 송이령, 김선숙 | 마케팅 · 권영제

기획 · 한성출판기획 www.ibook4u.co.kr

주소 · (412-820) 경기도 고양시 덕양구 토당동 836-8 칠성빌딩 301호

TEL · (031) 978-8767 | FAX · (031) 978-8769

http://www.jubyunin.co.kr | myjubyunin@naver.com

· 초판 1쇄 인쇄일 | 2009년 12월 5일 · 초판 1쇄 발행일 | 2009년 12월 10일

ⓒ 정은기

ISBN 978-89-93536-13-3(03370)

FOCUSON
초집중력
학습법

브렌진 학습법 **정은기 지음**

새론북스

 '에너지 보존의 법칙'

모든 에너지는 형태만 달리할 뿐 소모되거나 사라지지 않고 순환한다. 화석에너지는 타면서 열에너지로 바뀌고, 열에너지는 발전기를 돌려 전기에너지로 바뀌며, 전기에너지는 여러분의 머리 위 형광등에서 빛에너지로 바뀌는 여러 단계의 과정을 거치지만, 결국 그 형태만 달라질 뿐 각 에너지의 총합은 같다는 말이다.

그렇다면, 여러분이 아까 먹었던 밥은 어떤 에너지로 바뀌었을까?

여러분이 먹은 밥은 입에서부터 소장에 이르기까지 기계적·화학적 소화과정을 거치면서 최종적으로 포도당으로 분해되어 신체 내의 전기에너지를 만들어내는 데 사용된다.

이렇게 만들어진 전기에너지는 또 무엇으로 바뀔까?

우리 신체부위 중에서 전기에너지를 가장 많이 필요로 하는 장기는 바로 두뇌이다. 두뇌가 움직여 생각에너지를 만드는 데에 이 전기에너지가 쓰인다. 생각에너지는 창의적인 생각을 하거나 외부의 자극을 받아들여 이해하고 판단한 후 저장하거나 근육을 움직이도록 명령하는 데에 사용된다.

그런데 여기서 간과하지 말아야 할 중요한 사실은 생각에너지는 '에너지 보존의 법칙'에 따라 여러분이 생각한 후 그대로 사라지는 것이 아니라, 형태를 달리할 뿐 어딘가에 그대로 남아 있다는 것이다.

그렇다면 여러분의 생각에너지는 과연 어디로 갔을까? 어떤 형태로 남아 있을까?

 여기에 바로 집중의 비밀이 숨어 있다.

생각에너지를 하나로 모으지 않은 상태에서는 오늘 먹은 밥의 대부분이 쓸모없는 운동에너지나 열에너지로 발산되어 버리지만, 생각을 하나로 모아 집중을 하면 그 에너지가 그대로 흩어지지 않고 모여 변화를 만들어낼 수 있다는 비밀 말이다.

자신이 원하는 것에 집중하는 것만으로도 여러분의 생각에너지는 새로운 정보를 저장하는 기억세포, 기분을 좋게 만드는 호르몬, 다른 사람과의 관계를 좋게 만드는 파동을 만들어내는 곳에 사용된다.

단지 간절히 원했기에 그저 항상 바라고만 있었을 뿐인데, 어느 순간 그 소망이 현실이 되어 나타나는 것은 이러한 생각에너지가 만들어낸 결과물인 것이다. 여러분과 여러분 주변의 모든 환경은 여러분 자신이 만들어낸 것이라고 해도 과언이 아니다. 여러분의 생각에너지에는 그만 한 힘이 들어 있다.

그러나 이 글을 읽고, '어? 저는 이러한 상황을 전혀 만들고 싶지 않았는데요? 전 정말 이번 시험에서 좋은 결과를 얻고 싶었어요'라고 생각하는 사람이 있을 수도 있다.

혹시 이런 생각을 여러분도 하고 있다면, 여러분은 여러분 자신이 평소 어떤 생각에 집중하고 있는지 제대로 살펴보아야 한다.

여러분의 마음속에는 어쩌면 '좋은 결과를 얻고 싶어!' 라는 생각보다 '좋은 결과를 얻지 못하면 어쩌지?' 라는 불안이 훨씬 강해서, 줄곧 좋은 결과를 얻지 못한다는 생각에만 집중해서 에너지를 사용하고 있었는지도 모르기 때문이다.

그저 생각에너지를 한곳에 모으는 게 중요한 것이 아니라, 자신이 원하는 방향에 에너지를 고정시키고 유지할 수 있는 힘인 '집중력' 이 필요한 이유가 바로 여기에 있다.

집중력을 자신의 의지대로 조절할 수 있다면 그것만으로도 여러분은 자신이 하고자 하는 일을 쉽게 달성할 수 있을 것이다.

더 나아가 자신의 생각을 긍정적인 방향에 맞춰 유지시키는 집중력이 있다면 생활이 즐거워지고 행복해질 것임이 확실하다.

자신이 원하는 것에 집중할 수 있는 기술 – 집중력.

　이 기술은 여러분이 지금 어떠한 환경에 놓여 있든, 어떤 목적을 가지고 있든 가장 먼저 익혀야 할 필수요소이다.

　이 책은 집중력의 의미부터 집중에 필요한 요소, 집중력을 향상시키는 훈련과 요령 등을 상세히 다루었기에, 여러분의 진정한 변화를 이끌어낼 수 있는 길잡이가 되어줄 것이다.

초집중력
학습법 CONTENTS

초 집중력
학습법 CONTENTS

Chapter 4.

집중력 향상을 위한 팁!

Chapter 5.

습득한 초집중력을 각 과목에 활용해보자!

Chapter 1.

그녀의 마음속에 공부를 잘하고 싶다는 막연한 희망이
꿈틀대고 있었다.

오르지 않는 성적,
초집중력에 주목하라!

연야's *Episode*

중간고사가 한 달여 남은 학교의 수업시간, 하기 싫은 공부를 억지로라도 하는 척해야 하는 학생들의 억압된 시간이 흘러가고 있었다.

초점을 잃은 아이들의 눈동자 위로 비치는 시계의 초침은 한없이 느리기만 하고, 숨 막힐 것 같은 선생님의 목소리가 가슴을 옥죄어온다.

그러나 아이들은, 한순간 한순간을 마치 죽은 듯 참고 지내다 보면 언젠가 자신들의 시간이 당연히 올 것이라는 것을 알고 있다.

이제 잠시 뒤엔 학교 건물을 울리는 종소리가 들려올 것이다. 종소리가 들리면 선생님은 어쩔 수 없이 교실에서의 통제권을 내놓아야 할 것이고, 그때부터 비로소, 잠깐 동안이긴 하지만 즐거운 학교생활이 시작되는 것이다.

쉬는 시간이 가까워오자 아이들은 마치 출발선에 선 100미터 주자처럼 심장이 요동치기 시작했다. 1분 전, 30초 전, 10초 전.

드디어 종소리가 울렸다.

쉬는시간. 수업시간에 억눌려 있던 기분을 마음껏 발산하는 아이들로 인해 교실은 거의 난장판 수준이다.

연아도 한 시간 내내 기다려왔던 쉬는 시간이 주는 편안함에 온몸이 나른해지는 듯하다. 그녀는 지난 주말에 새로 산 MP3 이어폰을 귀에 꽂고, 나름 멋들어지게 드라이한 머리를 쓸어 올린 후, 자신을 추종하는 아이들을 향해 슬쩍 몸을 일으켰다. 언제나 그녀의 주변에서 알짱대는 아이들은, 공부와는 담을 쌓은 듯 보이지만 성적은 항상 중상위권을 유지하는 연아가 마냥 부러운 듯했다. 그들은 연아의 환심을 사려는 의도인지 아니면 괜한 비아냥인지 모를 의미로 앞자리에 앉은 정선이를 비웃기 시작했다.

"저렇게 쉬는 시간까지 책을 읽으면 누구라도 일등하지 않겠어? 쟤는 정말 저렇게 살고 싶을까?"

그들의 말이 향하는 방향을 쳐다본 연아의 눈에 정선이가 들어왔다. 그녀는 항상 전교 1등을 놓치지 않는 모범생다운 면모를 보이고 있었다. 전혀 신경 쓰는 듯 보이지 않았지만 단정하게 빗어 넘긴 헤어스타일과 옷차림은 교실에 처음 들어온 누구라도 그녀가 전교 1등임을 식별해내는 것이 어렵지 않을 분위기를 자아냈다.

그 모습을 무심코 바라보던 한순간, 연아는 귓가가 멍해지면서 무엇이 저런 분위기를 만들어내는 것일까 궁금해졌다. 그녀의 마음속에 정선이처럼 공부를 잘하고 싶다는 막연한 희망이 꿈틀댔기 때문이다.

제대로 된 집중은
언제 가능할까?

이 세상 거의 모든 학생들은 앞서 소개한 연아와 같은 상황을 누구나 한번쯤은 겪어보았을 것이다.

들어봤자 이해도 안 되는 학습내용과 앉아 있기조차 힘겨운, 관심도 없는 수업에서 취할 수 있는 유일한 수단은 그저 멍하게 시간만 보내는 것이다. 이러한 순간들은 어느 누구에게나 존재해왔다. 특히 학교에서 많이 발생하는데, 그 이유는 선생님 한 분이 관리해야 할 아이들의 수가 너무 많고, 아이들도 수준별로 나뉘지 않아서, 개개인의 성취도 향상을 이끌어내기에는 무리이기 때문이다. 학생들 하나하나의 관심을 유도하기에는 분명 어려운 환경이라는 말이다.

이렇게 대다수의 학생들에게는 의미 없는 수업시간이 지나가고, 비로소 자신의 수준에 맞고 관심이 가는 이야기를 할 수 있는 쉬는 시간이 왔을 때에야 그들은 비로소 제대로 된 집중이 가능하고, 이러한 순간에 살아 있음을 느낀다.

그러나 여러분도 알다시피 여러분이 유일하게 집중할 수 있는 그 황금 같은 쉬는 시간에도 책상에 앉아서 다음 수업시간을 준비하는 학생들은 항상 있어왔다. 그들은 수업시간 내내 수업에 집중하고, 그 외 시간들마저도 집중을 위한 준비를 하고 있는 듯 보였을 것이다.

여러분은 그들을 바라보며, 어떤 생각을 하였는가?

많은 사람들은 그런 모범적인 아이들을 보며 답답함과 고지식함, 인내와 타성 같은 부정적인 느낌을 받는 경우가 많다. 그들의 상황과 비슷한 상황을 겪어보지 못했던 이들에게 더이상의 느낌을 기대하기란 어려운 일일지도 모른다.

하지만, 여러분이 그 상황을 겪어보지 않아서 그렇게 느끼는 것일 뿐, 실제로 집중의 연속인 삶을 사는 학생들에게 집중이란 우리가 생각하는 것만큼 음울한 느낌을 가져다주진 않는다.

한 시간 내내 멍하게 시간을 때우는 학생들에 비해, 한 시간 내내 무엇인가 열중할 수 있는 학생들은 수업시간 동안 훨씬 다채롭고 즐거운 느낌을 받는다. 따라서 수업 중에 받는 느낌을 유지하기 위해 쉬는 시간조차 다음 시간의 집중을 위해 보내는 것이 그들의 입장에서는 당연한 일일 것이다.

만약 여러분이 현재로선 이러한 메커니즘을 전혀 이해하지 못할 것 같다면, 앞으로 나올 내용들을 통해 어떻게 그러한 것이 가능한지 알 수 있게 될 것이다.

# 연아's *Episode*

연아는 자리에 앉아 정선이를 쳐다보며 곰곰이 자신의 모습과 그녀의 모습을 비교해 나가기 시작했다.

'쟤와 나의 가장 큰 차이점은 뭐지? 머리차이인가?'

그러나 정선이의 평소 언행을 보건데, 그녀의 머리에 비해 자신의 머리가 결코 떨어진다는 생각은 들지 않았다. 선생님의 질문을 재치 있게 받아넘긴다거나, 친구들을 유쾌하게 만든다는 것은 그만큼 자신의 두뇌회전이 빠르다는 반증이나 다름없다는 생각이 들었기 때문이다.

반면, 정선이의 말투는 진중하기는 하였지만, 반응이 빠르다거나 참신하다는 느낌은 전혀 들지 않았다.

'보고 있는 참고서가 다른가?'

연아는 조용히 정선이 옆으로 다가가 그녀가 펼쳐놓은 책과 책상 속 책들을 대충 살펴보았다. 그러나 그녀의 참고서들은 누구나 사용하는 평범한 것들임을 다시 한 번 확인했을 뿐이다.

'특별한 학원을 다니든가 명문대생 과외를 받나?'

연아는 평소에 거의 대화를 나누지 않는 정선이에게 용기를 내어 말을 붙여보았다.

"얘, 너 어제 제일학원 근처에서 봤는데, 거기 다니니?"

"아니? 난 학교 끝나면 항상 집에 있는데?"

"아하! 그럼 어제도 과외받은 거야?"

"아니. 난 그냥 인터넷 강의만 들어. 과외는 안 받아. 왜?"

"그럼 내가 어제 딴 사람을 봤나보네. 미안."

연아는 아무리 생각해도 그녀가 자신과 다른 점이 무엇인지 찾아낼 수 없었다.

Focus on !

연아는 왜 정선이보다
공부를 못할까?

많은 사람들은 학업 성취도의 차이는 좋은 선생님과 훌륭한 교재에서 발생한다는 생각을 하고 있다. 그렇기 때문에 그들은 좋은 학원이 많이 몰려 있는 교육 1번지를 찾아 이사나 전학 같은 무리를 감행하기도 한다.

그러나 과연 그들의 생각처럼 좋은 선생님과 훌륭한 교재가 성취도 향상을 이끌어낼 근본적인 대안이 되어줄까?

앞서 이야기했다시피, 현재의 공교육만으로는 솔직히 제대로 된 교육을 받는 것은 불가능에 가까울 수 있다. 수준별로 나뉘지 않은 교실에서, 도대체 어떤 기준에 맞추어 수업을 진행해 나가야 한다는 말인가? 설사 수준별 수업이 가능하다고 하더라도 많은 수의 학생들 사이에서 잠깐의 딴생각 때문에 놓쳐버린 수업내용을 다시 반복해서 듣기란 불가능하다.

18

그렇기에 자신의 수준에 딱 맞춰서 수업을 진행해줄 수 있는 선생님과 난이도를 조절할 수 있는 적절한 교재의 선택이야말로 자신의 능력을 제대로 발휘할 수 있는 기회를 제공해줄 것이라는 생각은 일견 타당해 보인다.

　그러나 문제는, 이러한 외적인 조건들은 매순간 상황에 따라 변하기 때문에 언제까지나 항상 그러한 상황을 맞춰줄 수 없다면 성취도 변화 대안도 없다는 데에서 발생한다.

　한순간, 자신의 수준과 일치하는 수준별 학습을 진행하는 학원에서 정말 자신의 학습 스타일을 이해하는 선생님을 만나 급격한 성취도의 변화를 만들어냈다손 치더라도, 선생님이 바뀌거나 학원의 시스템이 바뀌거나 반편성의 변화로 인해 그러한 일체감이 깨져버렸다면 그 다음으로 여러분은 성취도 향상을 위해 어떤 선택을 할 수 있을까?

　어떠한 상황에서도 공부를 잘할 수 있는 근본적인 능력을 개발하지 못한 학생들은 또다시 더 좋은 학원을 찾아 전전하는 수밖에는 다른 대안이 없다. 이해를 못 하면 이해할 때까지 몇 번이고 원리를 설명해주고, 더 나아가 이해를 하기 싫을 때조차도 이해를 억지로라도 하게끔 만들어주는 선생님 없이는 그들은 변화를 만들어낼 수 없다.

　만약 이들이 어떤 상황에서나 어떤 선생님의 말씀을 잘 이해할 수 있는 기본적인 능력을 갖춘 상태라면, 선택의 폭은 훨씬 넓어질 것이다. 학교 선생님의 말씀만 듣고도 수업을 따라가기에는 문제가 없을 것이고, 심화학습을 위해 인터넷 강의만 들어도 충분할 것이다.

이런 기본적인 능력의 차이를 간과한 채 공부를 잘하는 아이들을 따라 학원을 옮긴다든지, 그들이 사용하는 교재로 바꾼다든지 한다면 그들은 또다시 실패의 경험만을 반복할 것이다.

도대체 언제까지 사교육의 늪에서 헤어나오지 못할 것인가?

이제는 보다 더 근본적인 변화를 추구해야 한다. 자기 스스로 학습환경을 만들어낼 수 있는 방법을 익혀야 할 때다. 따라서 공부를 잘하는 학생들이 가지고 있다는 기본적인 능력이 무엇이고, 그 능력을 키우기 위해서는 어떤 방법을 사용해야 할 것인지 알아보는 것이 필요하다.

연아는 정선이와의 직접적인 차이를 느끼지 못하면 못할수록 그녀와 자신의 근본적인 능력에 차이가 있는 것이 아닐까 하는 생각이 들었다. 기억력이나 이해력, 분석력, 창의력 같은 근본적인 능력에 차이가 있다면, 자신이 아무리 애를 써도 그녀를 앞지를 수 없는 것은 당연한 일인 듯했다.

'과연 나는 저애와의 차이를 좁힐 수 없단 말인가?'

연아는 절망감이 들었지만, 왠지 정선이를 한 번만이라두 이겨부고 싶은 경쟁심은 누를 수가 없었다.

'나에게도 내가 지금까지 깨닫지 못했던 잠재능력이 숨어 있을지 몰라. 어떻게 해야 그런 잠재능력을 깨울 수 있을까?'

연아는 새로운 가능성을 탐구하기 시작했다.

10여 년 동안 학습과 관련된 상담을 진행해 오면서, "자신에게 절실한 기본능력이 무엇이라고 생각하느냐"는 필자의 물음에 거의 모든 학생들이 한결같이 '집중력'이라는 답변을 해왔다.

상담자들 대부분은 만약 자신들이 지금보다 집중을 더 잘한다면 성적도 지금보다 훨씬 잘 나올 것이라 생각하고 있었고, 지금 성적이 안 나오는 이유는 자신이 남들보다 뛰어난 집중력을 갖고 있지 못해서라고 단언했다. 학생들 대부분이 자신의 집중력에 문제가 있다고 생각하고 있는 것이다.

여러분은 어떠한가? 여러분도 자신의 집중력에 문제가 있다고 느끼고 있지는 않은가? 만약 느끼지 않는다면 이 책을 펴들 이유조차 없었을 테니 말이다.

그렇다면 문제가 있는 집중력을 어떻게 향상시킬 수 있을까?

집중력을 향상시키는 방법에 대해서는 사람들의 견해가 크게 두 가지로 나뉘고 있다.

첫 번째는 집중이 안 되는 것은 마음가짐의 문제이므로 집중을 하겠다는 강한 의지만 있으면 집중력은 언제든지 생겨날 거라는 견해이고, 두 번째는 강한 집중력을 가지고 태어나는 사람들은 따로 있어서, 그냥 열심히 집중해보겠다는 의지만 가지고서는 불가능하다는 견해이다.

여러분은 어느 쪽을 생각하고 있는가?

여기서 중요한 것은 이 두 가지 견해에 둘 다 기본적으로 집중하기 위해서는 매우 고통스러운, 천성까지 언급해야 할 정도의 에너지가 필요하다는 전제가 깔려 있다는 점이다.

여러분은 '집중력'이라는 단어를 듣고 어떠한 이미지가 떠오르는가?

여러분의 마음속에도 어둡고 답답한 이미지가 떠오르는가?

이렇듯 '집중력'이란 단어는 참으로 많은 오해와 선입견을 갖고 있는 몇 안 되는 대상들 중 하나다.

여러분뿐만 아니라 대부분의 학생들은 집중력이라는 단어를 떠올리자마자 인내, 고통, 절제, 피곤 등과 같은 단어에서 느껴지는 이미지를 연상할 것이 분명하기 때문이다.

집중력은 공부를 잘하기 위해서 꼭 가져야 하는 필수능력 중 하나지만 결코 쉽게는 가질 수 없는, 성공한 사람들이 각고의 노력으로 얻어낸 희귀한 능력으로만 여겨지고 있다.

하지만 정말 집중력이 나는 가지지 못한 특수한 기술일까?

여러분은 여기서 분명히 알아야 할 것이 있다.

여러분은, 그리고 특별한 신체적·정신적인 문제가 없는 모든 사람들은 집중력 자체엔 아무런 문제가 없다는 사실이다. 집중력은 누구나 태어나면서부터 가지고 있는 신의 선물이라고 생각해도 좋다.

그런데 왜 사람들은 자신의 집중력에 문제가 있다고 생각하는 것일까?

그러한 생각은 집중력의 의미를 제대로 파악하지 못하고 있어 생긴 잘못된 신념일 뿐이다.

사전적인 의미의 집중력은 '하나의 대상에 몰두하는 생각의 힘'이라고 단순하게 정의 내릴 수 있고, 이러한 정의 아래 자신의 행동패턴을 분석해보면 거의 모든 행동들에서 100% 집중상태를 유지해왔다고 단언할 수 있다.

"말도 안 돼요! 제가 모든 일에 백 퍼센트 집중하고 있다는 말인가요? 제가 그렇지 않다는 것은 누구보다 제가 제일 잘 알아요. 지금 이 순간에도 저는 딴생각을 하고 있는걸요?"

만약 여러분도 이런 생각이 든다면, 여러분은 두뇌 생리학적 관점에서 조금 더 설명을 들어야 할 필요가 있다.

모든 인간의 두뇌는 선천적으로 모든 일에 100% 집중하도록 만들어져 있기 때문에 동시에 두 가지 일을 처리하는 것이 오히려 힘들다. 두뇌는 기능적 특성상 한 번에 한 가지 일만 처리하도록 만들어졌고, 그렇기 때문에 한 가지 생각을 하면서 다른 생각을 한다는 것은 불가능에 가깝다.

그러나 이 설명을 듣고도 여전히, '어? 나는 동시에 두 가지 이상의 일을 할 수 있는데?' 라는 생각을 하는 사람이 있을지도 모른다. 하지만 이러한 생각은 자신의 사고과정을 주의 깊게 체크해보지 않았기 때문에 생긴 오해라고 할 수 있다.

정말 여러분은 가족이나 친구와의 불화 등의 이유로 심각하게 걱정하면서 동시에 영어 단어를 외울 수 있는 능력을 가지고 있다고 확신하는가?

여러분이 동시에 처리한다고 생각하는 두 가지 일은 사실상 너무 빠르게 일어나서 자신이 인식하기 힘들었을 뿐이지, 자세히 살펴보면 매 순간 다른 생각들에 번갈아서 집중하는 과정의 반복이었다는 것을 주의 깊은 사람이라면 쉽게 파악할 수 있을 것이다.

다시 한 번 말하지만 여러분이 원하든 원하지 않든 여러분의 두뇌는 한순간에 오직 한 가지 일만을 처리할 수 있도록 만들어져 있기에 여러분의 집중력 자체에는 아무런 문제가 없음이 분명하다.

실제로 여러분은 여러분이 좋아하는 컴퓨터 게임이나 만화책을 볼 때, 혹은 친한 친구들과 어울리거나 즐겁게 춤을 추거나 흥겨운 노래를 부를 때 쉽게 그 대상에 빠져들어 제대로 집중하고 있을 것이다. 그리고 한번 빠져들면 다른 생각을 할 여유 없이 오로지 그 순간만을 몰입해서 즐길 것이다. 또한 좋아하는 연예인이 나오는 프로그램을 볼 때에도, 스포츠 경기에서 목이 터져라 응원할 때에도 여러분은 여러분이 얼마나 대단한 집중력을 소유하고 있는지 스스로 확인할 수 있을 것이다.

그런데 왜 여러분은 집중력을 늘 발휘하고 있었음에도 불구하고 집중력이 부족하여 성취도가 잘 나오지 않는다는 생각을 하게 된 것일까?

그것은 바로 자신의 집중력을 자신이 의도한 대로 끌고 갈 수 있는 능력이 부족하다는 자각에서 비롯된 것으로 보인다.

자신이 의도한 바대로 목적을 향해 집중력을 발휘하여 행동으로 이끌어낼 수 있는 능력이 부족하기에, 여러분은 매순간 수십, 수백 가지의 대상에 두서없이 집중하게 되었고, 이런 이유로 자신의 집중력이 부족하다는 잘못된 판단까지 내리게 되었던 것이다.

공부를 예로 들자면, 여러분은 집중력 부족보다는 성적향상이라는 목적을 향해 집중력을 발휘할 순간에 다른 일에 번갈아 집중하느라 집중력을 한 방향으로 모을 수 없었던 것뿐이다. 집중력 자체의 문제가 아닌, 의도나 의지가 부족한 데서 발생한 것이다.

따라서 이제부터 여러분은 자신의 문제를 새롭게 재인식하여야 한다. 여러분의 문제는 집중력을 자신이 의도한 한 가지 대상에 꾸준히 유지할 수 없었던 이유가 의지부족이라는 사실을 본인 스스로 깨닫고 받아들여야 한다.

그래야만 자신의 진정한 문제가 무엇인지 분석이 가능하고 그에 따라 제대로 된 해결책을 찾을 수 있기 때문이다.

이제 여러분은 여러분의 집중력을 어떻게 유지할 수 있는가에 대해서만 익히면 된다.

Chapter 2.

'난 왜 아무리 집중하려 해도 몇 분을 버티지 못하고
산만해질까?'

Focus on !

집중력이 부족한
사람은 없다!

연아's *Episode*

늦은 밤 연아는 책상 앞에 앉아 머리를 쥐어뜯고 있었다. 자신의 하루를 되짚어봤을 때, 도대체 무엇을 하며 하루를 보냈는지 스스로도 가늠하기가 힘들었기 때문이다.

시험은 점점 다가오고 해야 할 공부는 산더미처럼 쌓여 있는데 머릿속은 계속 잡다한 생각들이 맴돌아서, 오늘 하루 도저히 한 가지 일에 집중할 수가 없었다.

연아는 지금이라도 집중해서 공부하고 싶었지만 하루 종일 집중을 유지하려 애쓰느라 이미 정신적인 에너지를 다 소모해버린 탓인지 피곤하기만 했다. 머릿속만 정리된다면 몇 시간만 집중해서 공부해도 좋은 성적이 나올 것 같은데 도대체 왜 이렇게 제어할 수 없는 것인지, 이러한 자신이 원망스럽기까지 했다. 한 가지 생각이 나면 또 다른 생각이 꼬리에 꼬리를 물고 떠오르는 통에 동시에 수십 가지 생각을 하는 자신에게 문제가 있는 것은 아닌지 걱정되기도 했다.

'난 왜 아무리 집중하려 해도 몇 분을 버티지 못하고 산만해질까?'

연아의 마음속에는 이러한 근심이 끊이질 않았다.

Focus on !

의도한 방향으로
집중력을 이끌려면?

자신의 문제가 집중력을 유지하는 것이 힘들었기 때문이라는 사실을 새롭게 인식했다면, 이제 남은 일은 아래와 같은 의문에 해답을 찾는 것이다.

'그렇다면 집중력을 자신이 의도한 방향으로 이끌 수 있는 능력은 도대체 어떻게 만든다는 말인가?'

여러분 생각에 이러한 능력을 만드는 일은 집중력을 향상시키는 일보다 훨씬 어렵게 느껴질지도 모른다. 왜냐하면 우리는 일상생활을 통해 우리가 의도한 바대로 실천에 옮기는 것이 얼마나 힘든 일인지를 경험해왔기 때문이다. 솔직히 우리는 거의 매일 '컴퓨터 게임을 끊어야겠다', '다이어트를 위해 식단 조절을 해야겠다', '싫은 친구와도 사이 좋게 지내야겠다' 라는 등의 의지를 갖고 생활하지만 그러한 의지를 계속 유지하기가 매우 어렵다는 것을 이미 체험해왔다.

새해마다 떠오르는 해를 바라보며 굳센 의지로 꼭 지키리라 다짐했던 약속들도 며칠 지나지 않아 무참히 깨져버리고 마는데, 자신이 그다지 생각하고 싶지 않은 대상에 의식적으로 의지를 모아야 한다면 그것을 유지하기 힘든 것은 당연한 일이 아닌가.

하지만 여러분이 제대로 익히려 하지 않았을 뿐, 여러분의 의지를 여러분이 원하는 방향으로 제어할 수 있는 방법은 분명히 존재한다. 자신의 의도대로 목표한 대로 집중을 유지하고, 의지를 방해하는 외부환경을 바꿀 수 있는 방법은 하나의 기술처럼 습득이 가능하다.

이러한 기술을 익혀서 습관화한다면, 여러분의 의지는 자연스럽게 생각한 방향으로 흘러들어갈 것이고, 노력하지 않고도 너무나 익숙하게 집중을 유지하게 될 것이다. 여러분은 그러한 자연스런 의지를 따라, 마치 물 위에 둥둥 뜬 채 흐름을 타고 떠내려가듯 전혀 힘들이지 않고도 즐거운 느낌을 맛볼 것이다. 이렇게 집중하는 것이 자연스럽고 편안하고 즐거운 일이 될 때, 여러분의 집중력은 의식하지 못하는 사이 향상될 것이고 그에 따라 여러분이 원하는 어떠한 성취도 손쉽게 이룰 것이다.

연아's *Episode*

연아는 애쓰면 애쓸수록 산만해지는 머리를 식히기 위해 거실로 나갔다. 잠깐이라도 머리를 식히면 다시 집중하는 데에 도움이 되지 않을까 하고 나름대로 판단했기 때문이다.

그러나 이러한 모습을 지켜보는 엄마의 눈에는 연아의 행동거지 하나하나가 맘에 들 리 없다. 공부한답시고 들어간 지 10분도 안 되서 슬금슬금 거실로 나오는 연아의 모습을 바라보는 엄마는 속에서 열불이 터져 견딜 수가 없었다.

"빨리 들어가서 공부 안 해? 도대체 넌 언제쯤이면 알아서 공부할 거니?"

이런 잔소리를 들은 이상, 연아는 어쩔 수 없이 무거운 머리를 그냥 안고 다시 방 안으로 들어갈 수밖에 없다. 힘없이 방 안으로 들어가는 그녀의 머릿속에는 자신이 왜 이런 지겨운 생활을 반복해야 하는지 억울한 마음이 들었다.

'이따위 공부는 왜 해야 하는 건데? 스위스의 공업지대 같은 걸 도대체 왜 배우는 거냐고? 난 정말 아무것도 하고 싶지 않단 말이야! 아,

지긋지긋한 공부! 공부! 공부!'

연아의 마음속에는 공부에 대한 반발심이 점점 커져가고 있었다.

집중은 궁금함에서
시작된다

집중력을 유발하는 수많은 요인들 중에서 제일 처음 거론해야 할 것은 '궁금함'이다. 어떤 대상에 대해 궁금하지 않으면 흥미가 생기지 않고, 흥미가 생기지 않으면 자신의 주의력을 온전히 그 대상에 쏟을 수 없는 것이 당연하다. 어떤 대상이 궁금하다면 그에 대해 집중하고 몰입할 수 있는 의지가 쉽게 생기고, 이러한 의지는 또 다른 궁금증을 낳아 끝없는 흥미의 굴레 속으로 여러분의 의식을 안내할 것이다.

이러한 메커니즘은 우리가 지금까지 지내온 모든 삶에서 확인해볼 수 있다. 아기였을 때의 여러분은 새롭게 접하는 모든 것이 궁금했을 것이고, 이러한 궁금함은 강한 집중력을 유발하여 손에 잡히는 것은 무엇이든 잡아서 입에 넣거나 물거나 빨아보려 했을 것이고, 또 소리가 있으면 그 소리도 진지하게 들어보려 했을 것이다. 또한 처음으로 말을 배우거나 일어서거나 걷기를 배우거나 할 때는 어떠했을까? 조금 더 커서 처음으로 전깃불을 켜거나 끄는 법, TV를 비롯한 전자제품을 켜거나 끄는 법을 배울 때도, 그리고 더 자라서 처음으로 자전거 타기나 컴퓨터 사용법을 배울 때도 여러분은 강한 집중력을 발휘했을 것이다. 이러한 모든 집중 행동을 가능케 한 맨 처음의 단서는 바로 궁금함이었다.

그렇다면 왜 우리는 궁금함을 해소하길 원할까?

그 이유는 궁금함을 풀어내는 과정에서 만족감과 즐거움이 생기기 때문이다. 궁금함을 해소한다는 것은, 마치 가려웠던 부분을 시원하게 긁어내듯 짜릿한 쾌감을 안겨준다. 이러한 쾌감은 단조로운 삶의 활력소가 되어줄 수 있기에, 우리는 항상 궁금함을 찾아 헤매고 있는 것이다.

궁금함을 해소하고 싶다는 자의적인 노력이 있다면, 궁금한 대상에 대해 오랜 시간 집중상태를 유지하는 것이 설령 신체적인 피로감을 유발할지라도 기꺼이 감내할 수 있게 된다.

이러한 관점에서 해석해보면, 우리는 궁금함을 해소할 해답을 찾아내어 짜릿함을 느끼기 위해 무의식적으로 언제나 집중상태를 유지하고 싶어 하는지도 모른다. 여러분이 지금까지 어렵고 힘들다고만 생각해 왔던 집중력 유지 문제는 단지 그 대상이 전혀 궁금하지 않은 학과목이 없기 때문에 발생한 예외적인 현상일 수도 있다는 말이다. 여러분이 강한 호기심을 느끼는 대상에서 만큼은 여러분의 집중력은 누구보다 강하다고 자신해도 좋다.

연아's *Episode*

책상에 억지로 앉은 연아는 어떤 과목을 먼저 시작할지 생각해보았다. 지금의 정신상태로는 어떤 내용도 머릿속에 들어가지 않을 것이 확실했기 때문에, 그녀는 집중하지 않고 아무 생각 없이 할 수 있는 내용을 찾기 시작했다. 물론 굳이 시간을 내서 하고 싶은 내용은 없다 하더라도 본문에 새로 나온 신규단어들을 100번씩 써오라는 영어숙제 정도는 해낼 수 있을 듯했다.

그녀는 참고서와 노트를 편 후 기계적으로 동일한 단어를 적어나가기 시작했다. 시간이 흐르면서 그녀는 처음의 답답했던 느낌이 조금씩 줄어들고 마음이 안정되어 가는 느낌이 들었다.

게다가 이뿐만이 아니었다. 하얗던 노트가 자신의 글씨로 점점 채워지는 모습을 보니 자신이 무언가를 확실히 하고 있다는 성취감이 들기 시작했고, 그 뿌듯한 마음을 더욱 확실히 느끼기 위해 그녀는 더욱 집중해서 글씨를 적어 넣었다.

연아는 이러한 단순복을 통해서 얻을 수 있는 즐거움을 처음 느껴보아서인지 점점 그 느낌에 빠져들었다.

집중은 그 자체만으로도
즐거움을 유발한다

우리는 무언가 즐거운 일을 할 때 강하게 집중을 유지하는데, 반대로 강하게 집중을 유지할 때 즐거움을 느끼기도 한다. 강한 집중상태에서는 평소 느껴보지 못했던 새로운 느낌들이 종종 발견되고, 그러한 새로움이 또 다른 새로운 궁금함을 만들어내기도 하기 때문이다.

예를 들어, 수학과목에 궁금함이 전혀 없었던 사람이라도 뒤에 설명할 여러 방법들을 통해 순간적으로라도 집중한다면, 평소에는 느끼지 못했던 수학이 주는 즐거움을 새롭게 재발견할 수도 있다는 말이다.

'수학은 생각만 해도 짜증나고 치가 떨리는데, 거기서 즐거움을 느낄 수 있다는 말인가요? 그건 불가능해요' 라는 생각이 들 수도 있지만, 그것은 자신의 느낌이 어떻게 만들어지는지 이해하지 못했을 때 드는 생각이다.

자신의 마음속에 생겨나는 느낌은 외부의 대상이나 환경이 어떤가에 따라 만들어지는 것이 아니라, 외부환경을 어떻게 받아들이고 해석하느냐에 따라 달라지는 것이기 때문이다.

외부환경은 너무나 객관적인 요소로, 우리들에게 어떠한 영향도 끼치지 않는다. 쉽게 말해, 수학이라는 과목 자체는 우리에게 아무런 영향을 주지 않는 객관적 대상일 뿐이고, 이 과목을 어떻게 받아들이느냐에 따라 어떤 이는 매우 싫어하는 대상, 어떤 이는 매우 즐거운 대상으로 인식할 수도 있다는 말이다.

따라서 특정 대상에 집중을 계속 유지한다면, 집중하는 과정에서 발견되는 새로운 이해로 인해 예전에는 없었던 궁금함이 생겨날 것이다. 이런 궁금함은 새로운 관심과 의도를 만들어내고, 이로써 집중이 집중을 낳는 선순환이 이루어진다. 외부대상이 무엇이든 간에 그 대상에 집중을 유지할 수 있다면, 우리는 그 안에서 즐거운 느낌을 찾아낼 수 있다는 말이다.

더 나아가 외부대상이 원래부터 궁금해하던 대상이 아니라, 싫어했음에도 불구하고 집중하던 과정에서 새로운 궁금함을 찾아낸 것이라면, 이러한 과정에서 만들어진 집중력은 훨씬 강렬한 즐거움을 가져다준다. 집중하겠다는 의도만으로 자신의 마음과 느낌까지 바꾸어낸 것이므로, 그 즐거운 느낌이 훨씬 강렬하게 다가오는 것이다. 예를 들어, 수학과목을 너무나 싫어했지만, 억지로라도 집중해서 하다보니 어느 순간 어려운 문제를 스스로 풀어내는 과정에서 희열을 느끼게 되고, 그 뒤로는 그 희열을 자주 느끼기 위해 수학문제를 푸는 데 더욱 집중할 수 있게 된다.

여러분도 분명 이러한 경험이 있을 것이고, 이러한 경험을 얼마나 자주 만들어낼 수 있는가에 따라 삶에 대한 만족감은 높아진다. 이러한 능력이 활성화된 사람들은 누구나 힘들어하는 과제라도 한 단계 한 단계 풀어나가는 과정에서 극도의 즐거움을 느낄 수 있고, 누구나 가슴 떨려 하는 수많은 사람들 앞에서의 발표에서도 마치 연예인이 된 듯한 느낌을 가질 수도 있다. 비록 그 행동의 순간순간은 뒷목이 뻐근해진다거나 호흡이 가빠져 오는 등의 힘든 과정일 수도 있지만, 짜릿한 희열을 경험해본 사람들이 주관적으로 받아들일 느낌은 그저 더 큰 즐거움을 얻기 위한 통과의례쯤으로 인식될 수 있다는 말이다.

이렇게 주도적으로 집중을 유지하는 과정이 반복되면, 이때야말로 자신이 온전하게 삶을 채워가고 있다는 충만감을 느끼게 될 것이다.

도저히 지금 앞에 놓인 상황을 집중하며 받아들일 수 없다는 생각이 들더라도, 억지로라도 몰입할 수 있는 방법을 익혀서 집중해보기 바란다. 집중해서 빠져들면 불만족스럽게만 느껴지던 현 상황에 새로운 인식이 생겨날 것이고, 그러한 새로운 인식은 여러분을 변화의 길로 인도할 것이다.

연아's *Episode*

시험이 끝나고 성적표가 나오기 전까지 연아는 매일 매일을 친구들과 어울리거나 컴퓨터를 하며 보냈다. 다음 시험까지는 시간이 많이 남았기에 특별히 시험을 대비해서 공부할 필요도 없었을뿐더러 할 것이 있다 하더라도 하고 싶은 마음이 없었기 때문이다.

그러나 연아의 엄마는 이런 그녀의 모습을 그냥 참고 봐줄 수는 없었다. 이번 시험결과는 분명 뻔한 결과가 나올 것이 분명한데도, 그녀는 뉘우침 없이 매일 놀고만 있으니 제재를 가하고 싶은 마음이 드는 것은 당연한 일 아닌가?

'이번 시험을 엉망으로 쳤으면 미리미리 다음 시험준비나 착실히 할 것이지 어딜 놀러 다녀! 잘한 게 뭐가 있다고!'

이런 엄마의 생각을 아는지 모르는지 연아는 하루하루 무엇을 하며 놀지에 대해서만 생각하고 있는 듯했다. 사실 그녀의 입장에서 보자면, 시험이 코앞이든 끝이 났든 어차피 엄마는 미래를 위한 공부를 하라고 잔소리할 것이 뻔했기 때문에 최대한 즐길 수 있을 때 즐겨야 겠다는 생각이 드는 게 현명한 처사인 듯도 했다.

연아는 오늘도 친구들과 정신없이 몰입해서 빠져들 수 있는 놀잇거리를 찾기 위해 열심히 머리를 굴렸다.

Focus on !

건강한 정신력은
집중에서 나온다

우리는 누구나 어렸을 때부터 다가올 미래가 지금 당장의 현실보다 훨씬 더 중요하다는 가르침을 너무나 당연하게 받아들이며 자라왔다. <개미와 베짱이> 같은 동화에서부터 시작하여 삶을 다룬 각종 철학서적에 이르기까지, '우리 인간은 건전한 미래목표 없이 살면 안 된다' 라고 강조하고 있고, 우리 스스로도 별 저항 없이 그런 전제를 마음속에 품어왔다.

물론 이러한 생각들이 전적으로 틀린 것은 아니다. 미래목표를 세우는 것은 중요하다. 하지만 이런 전제를 너무도 당연시하면 커다란 문제를 발생시킬 위험이 있다는 것을 간과해서는 안 될 것이다. 커다란 문제란 다름 아닌 미래를 너무 강조한 나머지 현실에 집중할 수 있는 힘이 약화되어 버린다는 것이다.

<개미와 배짱이>의 개미처럼 추운 겨울에 살아남기 위해 현실의 모

든 즐거움을 버리고 오직 미래만을 위해 일해야 한다고 생각하면 현재의 삶은 불행할 수밖에 없다. 밝은 미래는 우리에게 동기가 되어줄 수는 있지만 즐거움이 될 수는 없기 때문이다.

물론 미래를 위해 현재의 불행을 억지로 참아내는 과정이 한두 번만에 끝날 수 있다면, 이러한 불행도 어떻게든 이겨낼 수 있을지 모른다. 하지만 우리는 우리가 주입받아 온 대로 항상 새로운 미래목표를 만들어내야 하고, 그에 따라 우리가 행복을 느낄 수 있는 미래는 우리가 잡을 수 없는 저 멀리 앞에 놓인 허상이 되어버리고 만다.

쉽게 말해서, 다음 시험에 더 좋은 점수를 얻기 위해 현실의 어려움을 감내하고 얻어낸 미래는 우리에게 영원한 즐거움을 가져다주지 않는다는 것을 알게 된다는 것이다. 우리는 우리가 얻어낸 그 행복한 느낌을 느낄 새도 없이 다음 목표를 위해 현실을 포기해야만 한다. 좋은 점수를 얻고 난 후에는 더 좋은 학교를 가기 위해서 힘든 공부를 계속해야 하고, 더 좋은 학교에 가서는 더 좋은 직장에 가기 위해 현재를 즐길 틈이 없고, 더 좋은 직장에 가서는 또 새로운 미래목표를 정해 매진해야 하는 끝없는 과정의 반복이 되풀이된다.

이는 마치 정성껏 요리를 준비했던 사람이 미처 그 음식을 맛보기도 전에 갑자기 들이닥친 손님에게 그 음식을 내놓아야 하는 상황을 반복하는 느낌과 비슷할 것이다. 그 허탈한 상황이 상상이 되는가?

미래목표만 달성되면 그 다음에는 행복한 나날의 연속일 거라 기대했다가 곧 새로운 미래를 위해 현재를 포기해야 하는 현실에 학생들의 반응은 다양하게 나타난다. 순박한 학생들은 그래도 다음 목표만 이루면 자신이 원하는 즐거움을 얻게 되리라는 희망을 버리지 않고 다시 현실의 고통을 감수하겠지만, 이런 악순환이 쉽게 끝나지 않을 것이라고 생각하는 눈치 빠른 학생들은 나름대로의 돌파구를 찾아 나설 것이다.

하지만 아무리 순박한 학생들이라도, 언젠가는 그런 자신의 삶에 회의를 갖게 되는 것은 막을 수 없다.

결국 누구나 빠르든 늦든 하지 않는 것이 좋을 공통된 생각을 하게 된다는 말이다. 그 생각이란 '도대체 언제까지 미래를 위해 이런 고통스런 과정을 참아내야 하는 것일까?' 같은 회의감이다.

이런 생각을 하는 순간 학생들의 집중력은 엉뚱한 방향으로 흘러간다. 아직 오지도 않은 미래를 위해 현재 즐겁지도 않은 일을 억지로 하기보다는, 지금 자신에게 즉각적인 즐거움을 줄 수 있는 일을 해버리자는 식의 자포자기 심정이 생기는 것이다. 이런 생각이 드는 것은 다른 사람들에게 속았다는, 그래서 억울하다는 생각을 하고 있는 사람에게는 자연스러운 수순일지도 모른다.

이런 마음이 들었을 때 일탈이 시작된다. 목표도 없이 그저 되는 대로 방황하기도 하고, 현실의 즐거움만을 좇아 말초적인 쾌락을 좇기도 하며, 쉽게 무기력증에 빠져버릴 수도 있다.

눈치가 좀 빠른 학생들은 초등학교 고학년부터, 순수한 학생들은 대학에 들어간 후 오랜 기간 방황의 시기를 겪는 이유가 바로 여기에 있다. 이번 시험만 잘 보면 혹은 대학만 가면 행복한 나날의 연속일 줄 알았는데 그렇지 않다는 것을 알게 된 순간, 그 쳇바퀴에서 벗어나기 위한 일탈을 감행하는 것이다.

그러나 가장 위험할 수 있는 문제는 이런 경험들로도 삶의 진정한 즐거움을 찾을 수 없을 때 나타난다. 소위 '일탈'이라 불리는 행위들이 아주 잠깐 즐거움을 제공해줄 수는 있어도, 진정 삶을 이끌어갈 원동력이 되어줄 수는 없기 때문이다.

그렇다면 우리는 어떤 해답을 찾을 수 있을까? 왜 집중력을 다루는 책에서 삶의 원동력에 대해 이야기하는 것일까?

그것은 바로 집중력 그 자체가 해답이 되어줄 수 있기 때문이다. 앞서 이야기했던 것처럼 현재 자신의 눈앞에서 일어나고 있는 모든 것들에 대해 강하게 집중을 유지할 수 있다면, 우리는 새로운 경험을 하게 되고, 그 경험은 순수한 즐거움을 던져줄 것이다.

현재 자신이 하는 일에 제대로 집중하고 그로 인해 즐거움을 느끼게 된다면, 지금도 즐거울 뿐만 아니라 자신의 미래도 자신이 원하는 대로 만들어갈 수 있을 것이다. 현재도 즐겁고 미래도 즐거울 것이라면 이런 상태를 계속 유지하는 한 즐거움의 느낌은 점차 증폭된다.

그렇기에 우리는 현재의 삶을 즐겁게 만들기 위해서건, 미래의 목표 달성을 통해 자아성장을 돕기 위해서건, 자신의 행동이 공익에 도움이 될 수 있도록 하기 위해서건, 집중을 유지하는 기술을 익히는 것이 무엇보다 중요하다.

집중력은 그 자체로서 우리의 삶에 중요한 역할을 담당한다.

한참을 방황한 뒤 연아는 다시 공부를 해야 한다
는 의무감에 책상 앞에 앉았다. 그러나 막상 잘
해보려고 해도 언제나 그래왔듯 공부가 손에 잘
잡히지 않았다.

그녀는 공부를 왜 해야 하는지 이유도 몰랐을 뿐만 아니라 꼭 해야 할
강한 의지조차도 없었다. 이런 상태에서 집중을 계속하기란 힘든 일
이었고 이는 당연한 결과일지도 몰랐다. 끝없이 반복되는 동일한 학
습내용은 자신이 그 내용을 아는지 모르는지 확인하는 것조차 귀찮
게 만들었고, 그런 과목들이 늘다 보니 어느 것 하나 제대로 몰입할
수 없었다.

이런 느낌 때문에 연아는 갈수록 집중을 유지하기가 힘들었고, 자신
이 정말 잘 해낼 수 있다는 일말의 가능성조차 발견하기 힘들 것 같았
다. 이렇게 시작된 자신에 대한 불신은 새로운 시작을 방해하는 암적
인 요소로 자리매김하기 시작했다.

Focus on !

집중력을 만들어내는
여섯 가지 조건

집중을 유지하기 위한 가장 중요한 요소가 즐거움이라는 것은 앞의 설명으로 익히 주지하고 있을 것이다. 그렇다면 이러한 즐거움은 어느 순간에 나타날까?

다음에 제시되는 요소들은 즐거움을 위해 꼭 필요한 조건들로, 이들 중 한 가지만 제대로 충족되어도 즐거움을 느낄 수 있으므로 하나하나 자세히 살펴보도록 하자.

즐거움을 느끼기 위해서 **첫째**로 거론되어야 할 요소는, 너무나 당연한 말이지만 **명확한 목표**이다. 단순한 게임을 할 때에도 자신이 원하는 목표가 있어야만 그것을 달성해나가는 과정에서 즐거움이 생긴다.

'단순한 게임은 시간을 때우기 위해서 하는 거지 무슨 목적이 있겠어요?' 라는 생각이 든다면, 조금더 자신의 마음에 관심을 갖고 관찰해보기 바란다. 아무리 사소한 행동이라도 그 행동을 하는 목적은 분명히 존재한다. 하다못해 책상에 앉아 거의 습관적으로 연필 돌리기를 할 때조차도 연필을 좀더 익숙하게 돌리고 싶다는 목적이 존재하는 것처럼 말이다.

단, '연필을 멋있게 돌리고 싶다'와 같은 미약한 목적이 아닌, 그 목적이 명확한 형태로 표현될 수 있는 행위를 할 때 의식적인 즐거움이 강하게 나타날 것이다.

둘째로 행위에 대한 **결과치를 바로바로 확인할 수 있을 때** 즐거움이 생겨난다. 결과가 좋고 나쁨을 떠나 어떤 결과물을 확인하는 과정에서 자신의 행동에 대한 피드백을 받을 수 있기 때문이다. 아무리 강렬한 목표가 있다고 해도, 그 성과를 바로바로 확인할 수 있는 도구가 없다면 그 오랜 과정 중에 일어날 단조로움을 이겨내긴 힘들 것이다.

따라서 어떠한 원대한 목표가 있다고 하더라도 그 목표를 이뤄가는 과정 중에 자신의 행동치를 바로바로 확인할 수 있는 중간 테스트를 마련해두어야 즐거움을 높일 수 있다. 공부를 할 때도 중간 중간 테스트를 해야만 실력점검은 물론이고 즐거움을 얻을 기회가 생길 것이다.

셋째로 자신의 행동을 **자신의 의지대로 행할 수 있을 때** 즐거움이 생긴다. 설사 좁은 공간에 갇혀 아무것도 할 수 없는 때라도 자신의 의지로 할 수 있는 사소한 무엇이라도 있다면, 그 행동을 통해 즐거움을 얻는다. 좁은 벽에 그림을 그린다거나 호흡을 조절하여 자신의 신체적인 변화를 유도해보는 등의 사소한 과정도 자신의 순수한 의지로 행하는 일에는 즐거움이 따라오게 마련이다.

학생들이 공부를 싫어하는 가장 큰 이유 중 하나가 바로 공부는 자신의 의지로 선택한 것이 아니라는 것이다. 자신이 스스로 선택하지 않은 대상에서 즐거움을 느끼기란 매우 힘든 일임이 분명하다.

넷째로 다른 여러 걱정들은 떨쳐버리고 자연스럽게 **한 가지 대상에 몰입할 수 있을 때** 즐거움이 생겨난다. TV프로그램을 보고 있을 때 다른 걱정 없이 몰입할 수만 있다면 그 순간 즐거움이 느껴지는 것은 당연하다.

반대로 평소에 즐기는 일을 하고 있더라도 마음속에 불안감이나 걱정, 근심이 들어 있다면 몰입을 방해할 뿐만 아니라 즐거움까지 막아설 것이다. 자신이 원하는 것에 온전히 집중할 때에만 즐거움이 생긴다.

다섯째, 자신이 해낼 수 있다는 **자신감이 있는 일에 도전할 때** 즐거움이 생겨난다. 단 1%의 가능성도 기대할 수 없는 일을 할 때 일에서 즐거움을 느낄 수 없는 것은 당연하다.

하지만 여기서 주의해야 할 점은, 어떤 대상에 대한 성취가능성의 수치는 매우 주관적인 개념이어서 자신이 어떻게 느끼느냐에 따라 많이 달라질 수 있다는 것이다. 예를 들어, 이번 영어시험에서 만점을 받는 일이 객관적으로 보기에 가능성이 전혀 없는 일이 아님에도 불구하고, 어떤 이들에게는 완전히 불가능한 일로 생각되어질 수 있다. 반면, 1%

의 가능성도 희박한 복권을 구입하는 어떤 이의 마음속에는 당첨 후에 해야 할 일들에 대한 기대감으로 즐거움이 가득 차 있을 수도 있다.

여섯째, 시간적·공간적 개념이 사라질 때에도 즐거움은 생겨난다. 이 러한 현상은 무언가에 강하게 몰입한 나머지 몇 시간이 불과 몇 분처 럼 느껴지기도 하고, 자신이 어디에 있는지 어떤 상황에 놓여 있는지 도 파악하지 못할 때 나타난다. 이런 느낌은 명상이나 요가, 기도 같은 수행과정에서 자신의 존재를 초월한 느낌을 받았을 때 쉽게 경험하기 도 한다.

위에서 살펴본 요소들은 자연스러운 집중을 유도하는 즐거움을 만들 기 위한 과정이며, 이러한 과정을 통해 얻는 집중만이 진정한 자기주도 학습을 가능하게 한다. 남이 이끄는 대로 끌려다니며, 남이 원하는 기 준에 맞추기 위해 억지로 집중을 유지하려고 노력하는 것이 아니라, 스 스로 즐거움을 찾아낼 수 있는 능력을 키우는 것이 무엇보다 중요하다.

지금까지 설명한 집중상태를 유지하는 방법은 어찌 보면 너무나 쉬 운 일일 수 있지만, 반면에 가장 어려운 일이기도 하다. 어떠한 대상을 바라보는 관점만 달리한다면 너무나 쉽게 집중상태를 만들어낼 수 있 지만, 반대로 그러한 상태변화를 유지하기란 어려운 일임이 분명하다. 우리는 사소한 컴퓨터 게임을 할지 말지 결정하는 것조차 자신의 의지 대로 하기 힘들 뿐만 아니라, 그 결정을 계속 유지하는 것이 쉽지 않다 는 것을 알고 있다.

그러나 그렇다고 해서 미리 조급해할 필요는 없다. 현재 여러분은 학습에서 가장 중요한 것이 무엇인지, 어떻게 해야 그러한 상태를 유지할 수 있는지 이제 막 관심을 갖기 시작했을 뿐이고, 이러한 관심이 여러분을 최적의 상태로 이끌어줄 단서가 되었음은 분명하다.

작은 나비의 날갯짓 하나가 큰 태풍으로 이어질 수 있는 것처럼 여러분의 작은 관심이 여러분을 최고로 만들어줄 것이다.

연아's *Episode*

연아는 자신의 집중력에 어떤 문제가 있는지 곰곰이 체크해볼 필요성을 느꼈다.

그녀는 자신의 집중력을 방해하는 친구들과의 관계나 집안 분위기, 도저히 이해할 수 없는 학습내용 등을 꼼꼼히 분석해보며 자신이 어떻게 집중력을 향상시킬 것인지 진지한 고민을 시작했다.

연아는 자신이 할 수 있는 선에서 집중력을 향상시킬 수 있는 가장 쉬운 방법은 공부환경을 바꾸는 것이 아닐까 하는 생각이 들었다.

아무래도 자신의 공부방이 외부의 소음과 차단되고, 독서실처럼 아늑하며, 사소한 것들에 마음 쓰이지 않도록 갖추어져 있다면 집중력이 자연스럽게 향상되지 않을까 하는 기대가 생겼기 때문이다.

그러나 다른 한편으로는 이렇게 환경을 꾸며놓는다고 집중이 잘 될 것 같으면, 이 세상에 집중 못 할 사람이 어디 있겠나 하는 생각이 자꾸 그녀의 마음을 흔들었다. 평소 독서실에 다닐 때에도 제대로 집중하지 못한 경우가 대부분이었기 때문이다.

그래서 그녀는 이렇게 힘든 집중을 계속 잘할 수 있도록 해줄 특별한 마음이 어떻게 하면 생길 수 있을지 다시 고민하기 시작했다.

'왜 집중을 해야 하지? 집중해서 공부할 필요가 뭐야? 왜 이렇게 힘든 공부를 계속 해야 하는 거냐고? 나한테 무슨 득이 있다고!'

연아는 자신이 왜 공부해야 하는지 필요성을 느끼기 위해 그동안 자신을 공부로 이끌었던 동기들을 떠올려보았다.

부모님은 매일같이 공부해야 할 이유는 너의 미래를 아름답게 만들기 위함이라고 강조해 오셨지만, 지금까지는 이러한 말들이 전혀 와 닿지 않았다. 오히려 그녀는 그런 말을 하는 부모님의 기대를 저버리지 않기 위해, 아니 그런 기대를 충족시키지 못해 혼나는 것을 피하기 위해서 공부해 왔지 않나 하는 생각이 들었다. 그녀는 생각하면 할수록 자신이 집중을 잘 하지 못하는 원인이 공부의 필요성을 느끼지 못하는 이유 때문이라는 생각이 강하게 들었지만, 그 필요성을 어떻게 느껴야 하는지 감을 잡을 수 없었다. 그렇다고 이런 고민을 만약 주변사람들에게 상담한다면, 그들은 분명 연아에게 분명한 목표가 없어서 그럴 것이라는 조언을 해줄 것이 확실했기에, 딱히 누구에게도 상담하고 싶은 마음은 생기지 않았다.

'목표만 세운다고 해서 집중력이 강해진다면 누가 목표를 세우지 않겠어? 목표는 말 그대로 도달하기 힘든 목표일 뿐이야. 나라고 지금까지 목표가 없었나 뭐. 반에서 상위권이 되고 싶다는 목표는 항상 세웠다고.'

연아는 목표설정이 집중에 어떤 도움이 되는지 모르겠다는 듯 고개를 저으며 다른 요인을 생각해보기 시작했다.

'그래. 지금 공부하는 게 너무 어려워서 집중이 안 되는 건지도 몰라. 학교에서 배우지도 않은 내용을 미리 몇 개월이나 앞당겨 배우는 게 쉽고 재미있을 리 없잖아?'

연아는 자신의 집중을 방해하는 요인 중 하나가 너무 어려운 교과 내용 때문이 아닌가 하는 추측을 해보았다. 한 문제를 풀기 위해 십여 분을 끙끙대다 보면 자신도 모르는 사이 딴생각을 하고 있는 모습을 발견했기 때문이다.

'게다가 내가 이걸 빨리 푼다고 해서 남는 시간에 놀 수 있는 것도 아니고, 어차피 끝없이 쌓여 있는 문제를 언제 끝내냐고!'

연아는 자신의 수준에 맞는 내용으로 적당량만을 푼다면 자신의 집중력이 이렇게까지 떨어지지는 않을 것이라 생각해 끝없이 자신을 몰아붙이는 부모님과 선생님이 원망스러웠다.

그녀는 평소 눈앞에 쌓인 많은 학습물을 볼 때마다 공부를 계속할 마음이 생기지 않았다. 어차피 집중도 안 되고, 해도 해도 끝도 없는 공부를 의욕적으로 할 수 있는 사람이 과연 있을까 하는 의구심마저 생겨 자신이 공부에 좀더 집중할 수 있도록 강한 의지를 만들어줄 다른 무엇인가가 필요해 보였다.

어떤 대상에 대해 충분한 즐거움만 느낄 수 있다면 집중을 유지하는 것은 어렵지 않으며 집중을 유지함으로써 진정한 즐거움도 누릴 수 있다는 것은 새삼 강조하지 않아도 이해하고 있으리라 본다.

하지만 아직까지도 '여러분의 집중력을 방해하는 것들을 말해보세요' 라고 묻는다면, 실로 다양한 대답이 나올 것이다.

끊임없이 날아오는 친구의 문자만 없다면, 내 몸이 쉽게 피곤해지지 않을 만큼만 건강하다면, 주변 사람들이 내가 집중할 수 있도록 조금만 관심을 기울여준다면, 그것만으로도 자신의 집중력은 엄청나게 향상될 수 있으리라 생각하고 있는 사람들이 여전히 많다는 말이다.

하지만 정말 그럴까? 정말 그러한 요소들만 적절히 제공되면 여러분의 집중력은 향상될까?

누차 강조해왔다시피, 집중에 필요한 대부분의 요소는 자신의 생각 속에 들어 있다. 자신의 생각만 조절할 수 있다면 언제라도 집중은 가능하다. 그러나 깨달음을 얻은 현자가 아닌 이상 자신의 생각을 마음대로 조절하기란 쉬운 일이 아니다. 그러하기에 충분한 집중력 훈련이 되기 전까지는 집중을 방해하는 요인을 제거함으로써 집중력 향상 효과를 직·간접적으로 거둘 수 있지 않느냐는 생각은 일견 타당성이 있어 보인다.

하지만 이 과정에서 주의해야 할 것은 집중에 방해되는 요인을 제거하는 것이 중요한 게 아니라, 요인이 제거됨으로써 바뀌게 될 자신의 생각이 중요하다는 점이다. 예를 들어, 끊임없는 친구의 문자 때문에 집중이 방해된다면, 전화기를 꺼버리든지 자동응답으로 전환시켜 놓는 방식으로 간단하게 요인을 제거할 수 있겠지만, 핵심은 이로써 바뀌게 될 문자에 신경 쓰지 않는 마음가짐이다.

이러한 주의점을 계속 유의하면서, 다음에 나올 집중을 유지하는 데 방해가 되는 요인들을 살펴보고 지금까지 자신의 집중을 방해해왔던 요인들에는 어떤 것들이 있는지 체크해보도록 하자.

1) 집중할 환경은 갖춰져 있는가?

집중력을 흐트러뜨리는 환경적인 저해요인을 완전히 제거하기란 현실적으로 불가능하다. 통제가 불가능한 학교 같은 외부환경은 물론이고, 자신의 의지대로 제어가 가능할 법한 집안에서조차 집중을 방해하는 환경을 완벽히 없애는 것은 어려운 일이 분명하다.

간신히 마음을 다잡고 집중을 유지해보려는 찰나, 청각을 자극하는 TV소리나 위층에서 들려오는 쿵쿵거림, 후각을 자극하는 요리냄새, 시각을 자극하는 책의 낙서나 그림, 촉각을 자극하는 의자 등받이 등이 어느 순간 집중상태를 깨뜨려버리는 경우가 비일비재하기 때문이다. 그런데 문제는 한번 깨져버린 집중상태를 원래대로 회복하는 데 필요한 노력과 시간이 물 흐르듯 집중을 유지하고 있는 상태에 비해 훨씬 많이 요구된다는 것이다. 그렇기에 지속적인 집중을 유지할 수 있도록 미리 학습환경을 만들어놓는 것이 필요하다.

이러한 효과를 위해 집중에 도움이 되는 환경을 먼저 점검해보자. 환경이 신체상태에 적합할 때 편안함을 느끼고, 편안함을 느낄 때 능률이 올라가며, 이에 따라 집중력도 강해지고 집중을 유지하는 시간도 길어질 것이다.

그러나 만약 자신의 집중환경을 어떻게 만드는 것이 가장 효과적일지 전혀 모르겠다면, 뒷장의 환경설정 방법을 자세히 살펴보도록 하라.

▶자기점검 ❶

자신의 집중력을 방해하는 환경적인 요인이 있다면 자세히 적고 자신은 그 요인을 어떻게 제어하고 있는지 적어보라.

• 환경요인

• 해결방안

2) 정말 집중하고 싶은 마음은 있는가?

집중은 자신이 즐거워서 하고 싶은 일을 할 때에 발휘된다. 하지만 우리의 일상생활에서 하고 싶은 일을 할 수 있는 때가 얼마나 될까?

우리의 일상은 대부분 해야 할 일 같은 의무와 책임으로 채워져 있다. 자신이 능동적으로 새롭게 선택하는 일들보다는 매번 해왔던 일들의 단순한 반복들이 많기 때문에, 우리는 평소 집중력을 키울 수 있는 훈련조차 하기 힘들 때가 많다. 하기 싫은 일을 하는 동안 끝없이 산만해지기에 집중력을 발휘하기 위해서는 특별한 노력이 필요하다.

따라서 우리는 집중을 유지하기 위해 강한 의지를 필요로 한다. 현재로서는 자연스러운 집중보다 집중하고 싶다는 생각을 강하게 해야만 집중력이 생길 것이라는 말이다. 하면 좋지만 안 되어도 어쩔 수 없다고 생각하는 일에는 집중 못 하는 것이 당연하다.

하지만 꼭 해내야겠다는 의지를 만들기란 쉬운 일이 아니다. 좋은 성적을 내는 것이 목표인 학생에게, 이번만 특별히 더 잘해야 된다는 의지를 만들기란 특별한 동기 없이는 힘들다.

그러나 우리의 의식은 어떤 대상을 그 자체의 객관적인 요소로 받아들이는 것이 아니라, 우리의 가치관에 따라 여러 가지 감각과 감정들 중에서 우선적으로 선택하여 받아들여야 할 것을 결정한다. 그리고 그것을 근거로 어떤 대상의 가치를 결정한다는 사고 메커니즘을 이해하는 사람들은 '꼭 해내야겠다는 의지' 를 만들기가 그렇게 어렵지 않다는 것을 안다.

만약 여러분이 그러한 의지를 만들어내고 싶지만 잘 되지 않아 고민하고 있다면, 다음 장에 나올 동기부여 방법을 통해 간단하고 효과적인 기술을 익힐 수 있을 것이다.

▶자기점검 ❷

공부할 의지가 쉽게 생기지 않는다면 그 이유가 무엇일지 생각해보고, 평상시 자신은 어떻게 학습 의지를 북돋우는지 적어보라.

• 의지방해 요인 ....

....

• 해결방안 ....

....

3) 무엇 때문에 집중해야 하는지 알고 있는가?

공부를 해야 할 필요성이 없다면 자신의 주의력이 학습물로 향하지 않을 것이고, 그에 따라 꼭 해내야겠다는 의지 또한 생기지 않을 것이 당연하다. 물론 학생으로서 좋든 싫든 학습물에 대한 필요성이 없을 수는 없겠지만, 그 강도의 차이에 따라 집중을 해야겠다는 의지는 많은 차이를 보일 것이다.

필요성이 강한 일은 빠르게 해결할 수 있지만, 그렇지 않은 경우 시작하기도 힘들며 시작했다고 하더라도 지지부진한 경우가 많다. 필요성을 인식할 때 그 필요를 충족시키기 위해 관심이 발생하고, 관심이 발생하면 그에 따라 흥미가 생겨나며, 흥미가 생겨나면 그 결과물을 빨리 보고자 하는 마음도 생긴다.

그러나 문제는 이러한 필요성은 의지만 가지고는 만들어내기 힘들다는 데 있다.

어떻게 해야 필요성이 생겨날까?

대부분의 사람들은 필요성을 만들어주기 위해 성적을 좀더 잘 받아야 할 이유를 강조하거나, 부모님이나 선생님에게 더 인정받으면 얻을 수 있는 가치를 설명한다거나, 보다 나은 미래를 만들면 무엇이 좋은지를 구체적으로 인식시키려 한다.

하지만 문제는 아무리 강조해도 공부를 잘해야 할 필요성을 느끼지 못할 때에 발생한다. 많은 사람들이 필요성을 인식시키기 위해 던져주는 여러 가지 교훈과 조언이 지금보다 더 나은 성취도를 만들어내고자 하는 기본적인 욕구가 부족한 학생에게는 잔소리와 다름없다.

그렇다면 부모님이나 선생님께 인정받고 싶은 생각도 별로 없고, 보다 나은 미래를 만들어야 할 필요도 느끼지 못하는 경우에는 어떻게 해야 할까?

필요성을 느끼도록 만들어주는 작업은 적절한 심리학적 차원의 접근이 필요하다. 이들의 마음속에 왠지 공부가 하고 싶고, 안 하면 안 될 것 같은 마음이 자연스럽게 들도록 만들어주어야 한다. 잠재의식을 다루는 방법에 대해서는 뒷부분의 훈련과정을 통해 자세히 알아보도록 하자.

▶자기점검 ❸

자신에게 공부할 필요성이 무엇인지 적어보고, 그러한 필요성을 더욱 강하게 만들 자신만의 방안은 무엇일지도 생각해보라.

• 공부해야 할 필요성

....

....

• 향상방안

....

....

4) 집중해서 무엇을 할지 확실히 생각해두었는가?

목적지를 정해놓지 않고 항해하는 배가 끝없이 표류하는 것처럼, 어떤 일을 하든지 목표에 대한 명확한 설정이 되어 있지 않으면 예상치 못한 여러 일들에 관심을 빼앗기는 것은 당연하다.

하고자 하는 일이 제대로 착착 진행되지 않는다고 생각하는 사람은 명확한 목표설정이 되어 있지 않은 것이 분명하다. 목표가 확실하게 정해져 있지 않기 때문에 강하게 집중하기 어렵고, 집중이 안 되어 있는 상태에서 빠른 진행이 이루어질 리 만무하다.

그러나 이 글을 읽고, "어? 나는 일등을 하겠다는 확실한 목표가 있는데도 집중이 잘 안 되던데요?"라는 의문을 갖는 사람도 있을 것이다.

그런 의문을 가진 사람은 목표를 어떤 형태로 세워야 하는지, 그리고 그 목표를 이뤄내기 위해서 어떤 세부목표를 설정해야 하는지를 모르는 것이 아닌지 살펴보아야 한다. 최종목표에 도달하기 위해서는 도중에 거쳐야 할 단기목표를 세분화해서 세우는 것뿐만 아니라, 각 단기목표를 이룰 수 있는 여러 방법들을 미리 모색하여 성취가능성을 높일 만한 계획을 세워야 제대로 된 성취가 가능하다.

따라서 만약 자신만의 방식으로 목표를 세웠음에도 불구하고 목표 성취가 잘 이루어지지 않았다면, 다음 장에 나올 목표설정 기법을 익힘으로써 문제를 해소할 수 있을 것이다.

이렇게 계획을 잘 세우면 앞에서 언급한 흥미나 관심도 불러일으킬 수 있고, 그에 따라 하고자 하는 의지가 생길 것이며, 계획을 세우는 과정 중에 집중을 방해하는 여러 환경요소들도 적절히 제거하고 조정할 수 있게 될 것이다.

따라서 이러한 목표설정은 집중력을 향상시키는 기술적인 요소로서 대단히 중요한 역할을 한다.

▶자기점검 ❹

자신이 현재 계획하고 있는 장기목표와 중기목표, 단기목표를 적어보고 그 목표를 이루기 위해 자신에게 꼭 필요한 것은 무엇인지 생각해보라.

• 장기목표 ....

....

• 중기목표 ....

....

• 단기목표 ....

....

• 자신에게 꼭 필요한 것 ....

....

5) 집중이 안 될 만큼 공부내용이 어렵진 않은가?

학업내용이 너무 어려워도 집중력 유지에 문제가 생길 수 있다. 아무리 집중해보려고 애를 써도 내용을 이해할 수 있는 가능성이 매우 희박하다면 우리의 주의력은 자꾸만 다른 곳으로 향할 것이다.

그러나 이와는 반대로 내용이 너무나 쉬울 경우에도 집중력에는 문제가 생긴다. 늘 반복되는 뻔한 내용은 마치 고속도로에서의 졸음운전처럼 집중력을 방해하는 요소로 작용한다.

우리의 주의력은 우리가 받아들여야 할 수많은 정보들 중에서 필요한 부분만을 선택할 수 있도록 유도하고 그러한 선택에 의해서만 집중을 유지하는 게 가능하기 때문이다.

그렇기에 제대로 집중을 유지할 수 있도록 하기 위해서는 수준별 학습이 꼭 필요하다.

또한 같은 개념이기는 하지만 내용의 난이도뿐만 아니라 학습량에 따라서도 집중력은 변화한다. 제한시간 내에 끝내야 할 학습량이 너무 많거나 적을 때도 위와 같은 주의력 분산이 일어나고, 집중력이 저하된다.

자신의 집중력이 이러한 학습량이나 난이도에 의해 좌우되고 있지는 않은지 살펴보라.

▶자기점검 ❺

자신의 현재 학습내용의 난이도와 분량이 자신의 수준에 적합한지 체크해보고, 수준별 학습을 할 수 있는 방안이 있는지 연구해보라.

- 난이도 : 최상, 상, 중, 하, 최하
- 학습분량 : 너무 많음, 많음, 적정, 적음, 아주 적음
- 문제해결 방안

6) 스스로의 행동을 통제할 수 있는 능력이 있는가?

모든 일에 강한 집중력을 유지한다는 것은 불가능에 가깝다. 하는 일마다 의욕적인 사람도 없을뿐더러 모든 과제가 흥미로울 수도 없기 때문이다.

따라서 누구나 주어진 일을 억지로라도 해야 하는 경우가 많다. 이럴 때 대부분의 사람들은 특별히 집중하지 않은 상태로 대충 과제를 때워버리거나, 미룰 수 있을 때까지 미루다가 마지막에 마지못해 집중력을 발휘해 순식간에 끝내버리려는 경향이 있다.

하지만 자기 절제능력이 뛰어난 사람들의 경우, 자신의 마음을 적절히 조절해가며 오랜 시간 집중해서 여러 가지 관련된 대상들까지 더불어 처리한다.

이런 행동이 가능한 이유는 집중이 집중을 불러오는 과정으로 설명할 수 있다.

처음부터 흥미나 관심이 없는 대상이었다고 하더라도 일단 자기 마음을 다스려서 집중상태에 들어간다면 그 안에서 자신이 생각하지 못

했던 즐거움을 발견할 수도 있기 때문이다. 또한 집중은 집중상태 그 자체만으로 즐거움을 유발하기 때문에, 그 상태를 계속 유지하고 싶어진다는 것이다.

이렇듯 하기 싫은 일도 일단 시작하고 보는 자기제어도 집중력 유지에 매우 중요한 요소이므로, 현재 자신의 집중력에 문제가 생긴 이유가 자기제어 능력 부족 때문은 아닌지 살펴볼 필요가 있다.

▶자기점검 ❻

자신은 어떤 과목을 공부할 때 자기절제 능력이 떨어지는지 생각해 보고, 그것을 어떻게 극복하는지 적어보자.

- 절제능력이 떨어지는 과목 ....

....

- 극복방법 ....

....

7) 할 수 없다는 부정적인 생각을 하고 있지는 않는가?

주변의 소음이나 부적합한 환경 등을 이유로 '도저히 집중할 수 없다'는 부정적인 사고를 하게 되면 그 순간 집중을 못 하는 것이 마치 당연한 일처럼 생각되기에 점점 집중이 안 되는 방향으로 의식이 흘러간다. 다시 말해 부정적인 사고가 집중을 안 하는 것으로 확정짓는 단서가 된다는 말이다.

나아가 잦은 부정적인 사고는 무의식에도 영향을 끼쳐 실패에 대한 불안감을 마음속에 심어놓게 되고, 이런 불안감으로 인해 이유를 알 수 없는 막연한 위기의식을 느끼게 한다.

이런 위기의식은 모든 생각을 소극적이고 방어적인 태도로 바꾸어 버리기 때문에, 보다 발전 가능성이 있는 일들에 대한 무관심을 유발하고, 이로 인해 집중력 향상이나 개인능력의 발전과 관련된 여러 가능성들은 사라져버린다. 또한 불안함은 그 자체만으로도 엄청난 정신에너지를 소비하므로, 가능한 한 빨리 이런 상태를 벗어나야 자신이 원하는 발전이 가능하다. 자신을 믿고, 자신감을 가지고 있을 때 긍정적인 사고가 나오고, 이러한 긍정적 사고가 잠재되어 있는 집중력을 쉽게 발휘하도록 만들어준다.

그러나 자신에게 이러한 긍정적 사고가 부족할 경우, 집중력에 문제가 생길 수 있다. 지금 당장 자신에게 긍정적 사고 부족으로 인한 문제가 있는 것은 아닌지 꼼꼼히 살펴보라.

▶자기점검 ❼

평소 자신은 어떤 부정적인 생각을 많이 하는지 되짚어보고, 그로 인해 집중력이 떨어질 때 어떻게 극복하는지 적어보자.

• 부정적 생각

• 극복방법

8) 집중할 만한 체력은 있는가?

'건강한 신체에 건강한 정신이 깃든다'는 말은 너무도 당연시되고 있는데 이는 평소 어딘가가 조금이라도 아프면 제대로 정신을 집중하지 못한 경험이 누구에게나 있기 때문이다.

생각 에너지는 상당히 많은 에너지를 요구하기에 에너지를 만들어내는 식습관부터 수면조절 같은 생활패턴 등을 잘 조절해주지 못하면 집중력에 장애가 생기는 것은 당연하다.

그러나 만약 건강이 썩 좋지 않은 상황에서도 집중을 해야 할 경우라면 뒤에 설명할 신체적 긴장을 완화하는 이완훈련이 도움될 것이다.

▶자기 점검 ❽

자신의 집중력을 방해하는 건강이나 신체적인 문제가 있는지 살펴보고, 그러한 문제를 어떻게 해소할 수 있을지 생각해보자.

• 건강문제 ....

....

• 해소방법 ....

....

이상에서 살펴본 여덟 개의 집중 방해 요소들을 효과적으로 제어하는 방법은 다음 장에서 다룰 것이다. 하지만 위의 요소들 중 자신의 집중력을 방해해온 주된 요인에는 무엇이 있는지를 재확인하고, 그들을 제어해야 할 필요성을 느끼는 것만으로도 문제해결을 위한 첫 발걸음은 뗀 것과 다름없다. 필요성을 느끼면 그에 걸맞는 방법도 떠오를 것이기 때문이다.

　그러나 자신의 경험에만 의존한 개별방식이 아닌, 누구나 공감할 수 있는 효과적인 집중력 향상법에 대해서 알게 되고 그것을 습관화시킨다면 좀더 확실한 향상이 가능할 것이다.

Chapter 3.

"집중력만 향상된다면 난 내가 원하는 건 다 해낼 수 있을 것 같아!"

Focus on !

집중력 향상을 위한 10단계 전략!

연아's *Episode*

집중력 향상을 위해 고민하던 연아는 결국 자신을 도와줄 멘토를 찾아야겠다고 결심했다. 아무래도 혼자서는 해결책을 찾아내기 힘들 것이라 판단했기 때문이다.

그녀는 자신이 오래전부터 존경해 마지않던 사촌 세현이 언니를 찾아가 조언을 얻기로 했다.

"집중력 향상법을 알려달라고?"

세현이는 집중력 문제가 발생하는 원인은 굉장히 다양하기 때문에 단기간에 한두 가지의 방법만 가지고는 눈에 띄게 향상되기 힘들 수도 있다는 점을 강조하며 연아가 정말 배우고 싶은 의지가 있는지를 다시 한 번 확인했다.

"그럼. 집중력만 향상된다면 난 내가 원하는 건 다 해낼 수 있을 것 같아!"

세현이는 집중력 향상에 가장 중요한 요소가 하고자 하는 의지의 있고 없음이라고 생각하고 있었기 때문에, 연아의 거침없는 대답이 마음에 들어 씽긋 미소를 지었다.

Focus on !

집중을 오래도록
유지하는 방법

집중을 오래도록 유지할 수 있게 만드는 방법은 크게 두 가지로 나뉜다.

한 가지는 집중을 오래 유지할 수 있는 외적요인들을 제어하는 것이고, 나머지 하나는 주어진 외적요인들을 느끼는 우리 자신의 사고방식을 바꾸는 것이다.

쉽게 설명하자면, 외적요인들을 집중에 유리하도록 바꾸기 위해 독서실을 다닌다거나, 공부방의 환경을 바꾸는 등의 방법을 사용하거나, 반대로 외적요인들은 가만히 내버려둔 채 외부환경이 집중을 유지하는 데 유리한 것처럼 인식하도록 사고방식을 바꾸는 방법을 사용할 수 있다는 말이다.

집중력은 절대적인 기준이 있는 것이 아니라 자신이 어떻게 느끼는가 하는 순수한 사고와 관련된 부분이므로, 주변의 조그마한 소음에도 집중하지 못했던 사람이 적당한 소음은 오히려 집중에 도움이 된다는 사실을 받아들인다면, 순식간에 예전보다 더 오래 집중을 유지할 수 있을 것이다.

여러분은 두 가지 방법 중에 어떤 것이 더욱 효과적일 것이라 생각하는가?

집중을 유지하기 위해 외적요인을 바꾸는 데에만 의지하는 사람은 항상 불만족스런 상태에 빠져 있을 수 있다. '좀더 조용한 환경이었다면', '좀더 나를 배려해주는 가족이나 친구를 만났더라면', '건강이 조금만 더 좋았더라면' 이라는 식의 끝없는 불만을 표출하며 끝없는 변화를 위한 소모전에 빠져들 수도 있다는 말이다.

그러나 그렇다고 해서 내적인 변화만을 추구하는 것도 바람직하지 않다. 어느 순간 심리적인 동요로 인해 외적요인들을 받아들이는 방식이 바뀌게 되면 순간적으로 불만상태에 놓일 수도 있기 때문이다.

따라서 집중을 오래 유지하기 위해서는 이러한 두 가지 방법을 조화롭게 사용할 수 있도록 숙련해야 한다.

앞으로 진행될 내용에서는 두 가지 방법을 전부 상세하게 다룰 것이며, 이러한 습관화 과정이 머리가 아닌 몸에 배도록 하기 위한 훈련과 정도 설명할 것이다. 이렇게 설명된 내용을 바탕으로 꾸준한 훈련과 노력이 병행된다면, 여러분의 집중력은 강하게 단련되어 여러분이 원하는 어느 때든 흐트러진 정신을 하나로 온전히 모을 수 있도록 만들어주는 강력한 힘이 되어줄 것이다.

연아's *Episode*

"너는 언제 집중이 가장 잘되니?"

세현이는 연아의 공부방법을 파악하는 것이 무엇보다 먼저 해야 할 일이라고 생각했다.

"그때그때 다르지. 그러니까 언니한테 배우러 온 거잖아?"

세현이는 연아의 단순함이 안타까웠다. 자신의 특성을 잘 알지 못하면 집중환경을 만들 때에도 어떤 부분에 주안점을 두어야 할지 알 수 없을 뿐만 아니라, 목표에 따른 세부계획을 세우는 데에도 지장을 초래할 것이기 때문이다.

따라서 세현이는 연아의 스타일을 파악하기 위해 이런저런 질문을 던졌다.

집중을 오래 유지할 수 있도록 만드는 훈련을 하기에 앞서, 자신의 집중상태를 파악해보는 것이 무엇보다 선행되어야 한다. 자신의 장점과 단점을 파악하고, 자신이 어떤 상태에서 집중력을 제대로 발휘할 수 있는지 점검해보아야 올바른 전략을 구상할 수 있기 때문이다.

자신의 감각기관 중 어느 부분이 가장 민감한지를 따져보고 그에 따라 환경을 조절해야 할 것이며, 집중력이 유지되는 시간은 대략 몇 분 정도 되는지, 하루 중 어느 시간대에 가장 집중이 잘 되는지, 집중하고자 하는 의욕은 어느 정도의 수준인지, 자신에게는 확실한 목표의식이 있는지도 미리 알아보아야 한다.

자기자신을 정확하게 파악하기 위해 자신을 점검하는 초기에는 공부를 시작하는 시간을 메모하고 끝내는 시간도 신경 써서 적어보는 것이 좋다. 자기 자신의 한계를 명확히 파악하면 계획을 정확히 세울 수 있고, 그 계획을 수월하게 지켜가는 자신의 모습을 보며 즐거움도 느낄 수 있기 때문이다. 더 나아가 자신의 공부하는 모습을 비디오로 찍어보면 보다 적합한 훈련을 구상할 수 있도록 하는 데 도움될 것이다.

앞으로 나올 집중훈련은 한두 번만으로 끝낼 것이 아니기에, 이러한 사전 테스트에 들어가는 노력을 아까워하지 말고 차근차근 진행해 나가기 바란다.

1) 집중감각 검사

다음 열 개의 문항을 읽고 그 내용이 자신에게 가장 크게 해당하는 것에는 4점, 두 번째로 해당하는 것에는 3점, 해당하는 정도가 약한 것에는 2점, 가장 적게 해당하는 것에는 1점을 각 문항 앞 빈칸에 써 넣으시오. 같은 점수는 한 번만 써 넣으시오.

:: 문제

1. 내가 중요한 결정을 할 때 나에게 가장 영향을 미치는 것은 다음과 같다.

___ 직관적인 느낌

___ 다른 사람들이 하는 말

___ 전체적인 일의 모습과 조화

___ 면밀한 검토와 연구

2. 다른 사람과 논쟁을 벌일 때 내가 가장 민감하게 반응하는 부분은 다음과 같다.

___ 상대방의 목소리 톤

___ 상대방이 논쟁하는 모습

___ 상대방의 논쟁내용

___ 상대방의 진실된 감정

3. 나는 평소와 다른 심리 상태일 때 다음과 같은 것이 바뀌는 경향이 있다.

___ 옷차림새나 화장

___ 감정의 표현

___ 언어나 용어

___ 목소리 상태

4. 나는 다음과 같은 것을 하기가 가장 쉽다.

___ 음질 좋은 오디오를 켜놓고 음악듣기

___ 관심 있는 주제와 관련하여 논리적으로 생각하기

___ 가장 편안하게 쉴 수 있는 장소찾기

___ 색상이 잘 어울리는 디자인 고르기

5. 나를 가장 잘 나타내는 것은 다음과 같다.

___ 나는 주변의 소음에 민감하다.

___ 나는 어떤 사실이나 자료를 분석할 때 논리성을 따진다.

___ 나는 옷의 감촉에 매우 민감하다.

___ 나는 실내의 가구배치나 색상에 민감하다.

6. 사람들이 나를 가장 잘 알려면 다음과 같이 하는 것이 좋다.

___ 내가 느끼는 것을 경험하기

___ 나의 관점과 함께하면서 보기

___ 내가 무슨 말을 하며 또 어떻게 표현하는지 주의 깊게 들여다보기

___ 내가 하고자 하거나 말하는 것의 의미에 관심갖기

7. 나는 다음과 같이 하는 것을 좋아한다.

___ 다른 사람들이 말하는 것 듣기

___ 계획을 세울 때 전체적인 모습을 먼저 그려보기

___ 정보나 자료가 있을 때 논리적 체계를 세우고 정리하기

___ 사람을 처음 만날 때 그에 대한 느낌 중시하기

8. 나로 말할 것 같으면.

___ 눈으로 보고 확인하기 전에는 잘 믿지 않는 경향이 있다.

___ 상대방이 애절한 목소리로 부탁해오면 거절하지 못한다.

___ 느낌으로 옳다고 여겨지면 이유를 따지지 않고 믿고 받아들인다.

___ 이치에 맞고 합리적이면 받아들인다.

9. 나는 스트레스를 받으면.

___ 음악을 듣는다.

___ 책을 읽고 사색을 한다.

___ 편안하게 누워 휴식을 취한다.

___ 좋은 경치를 배경으로 하는 영화나 그림을 본다.

10. 나는 처음 본 사람이라도 다음과 같은 식으로 그를 기억해낼 수 있다.

___ 얼굴 모습이나 옷차림새

___ 목소리

___ 그에 대한 느낌

___ 그의 직업이나 하는 일이 무엇일까를 생각해본 뒤

:: 집중감각 결과지

_ 문제지의 답들을 문제별로 답의 순서에 따라 아래의 빈칸에 옮겨 쓰시오.

1	2	3	4	5	6	7	8	9	10
K( )	A( )	V( )	A( )	A( )	K( )	A( )	V( )	A( )	V( )
A( )	V( )	K( )	D( )	D( )	V( )	V( )	A( )	D( )	A( )
V( )	D( )	D( )	K( )	K( )	A( )	D( )	K( )	K( )	K( )
D( )	K( )	A( )	V( )	V( )	D( )	K( )	D( )	V( )	D( )

_ 각 기호에 해당하는 숫자를 각 문항별로 합하여 각 유형별로 합계 점수를 내

고 꺾은선 그래프를 완성하시오.

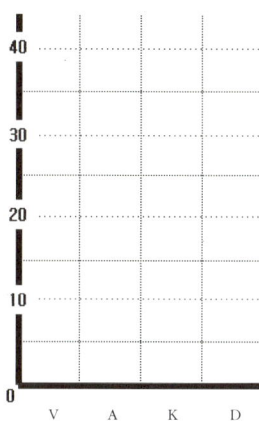

	V	A	K	D
1				
2				
3				
4				
5				
6				
7				
8				
9				
10				
계				
	V	A	K	D

V+A+K+D=100

:: 해설

V,A,K,D 중 가장 점수가 높은 것이 자신에게 가장 큰 영향을 주는 감각이다.

- V = 시각 타입 – 그림이나 색깔, 모양, 크기, 장면에 민감
- A = 청각 타입 – 소리, 음악, 음성, 소음에 민감
- K = 신체감각 타입 – 느낌, 촉감, 맥박, 냄새, 향기, 맛에 민감
- D = 이성 타입 – 감각보다는 자신의 생각에 영향을 많이 받음

:: 집중력과 관계되는 특성

★ V = 시각 타입

– 다른 유형에 비해 학습환경이 깔끔하게 정리정돈되어 있어야 집중을 잘할 수

있음

– 눈으로 보이는 것에 민감하기 때문에 공부와 관계가 없는 것들을 보지 않기 위

해 독서실 책상이나 스탠드를 이용하는 것이 좋음

– 책의 내용은 도표나 그림이 많이 들어가 있는 것을 선택해야 집중력이 향상됨.

– 선생님의 설명보다는 문서나 시각자료가 효과적임

★ A = 청각 타입

– 자기대화를 통한 암시를 이용하면 집중력의 빠른 향상이 가능

– 소리나 음악에 민감하기 때문에 소음이 없는 조용한 환경이 필수

– 문서보다는 설명을 듣는 것이 집중에 효과적이기 때문에 혼자 공부할 때도 오

디오북을 들으면 집중에 효과적임

★ K = 신체감각 타입

– 사람들과 가까이 어울리며 공부를 해야 집중이 잘됨

– 마치 직접 선생님이 된 것처럼 행동하면서 공부하는 것이 효과적

– 직감, 영감이 발달하고 느낌이 강하기 때문에 창의적인 학습환경이 중요

– 스트레스를 잘 받고 감정의 기복이 심하기 때문에 마음의 평정을 유지하는 방

법을 익히는 것이 집중력 향상의 핵심

– 움직임이나 근육사용을 선호하기에 산만하게 느껴질 수 있으나 그들만의 특성

을 살린 환경은 집중력을 향상시킴

★ D = 이성 타입

- 사색과 사고, 논리, 분석에 능하고, 절차, 순서, 계열, 이치를 잘 따지기 때문에
  머리로 이해할 수 있는 조언만으로도 집중력 향상이 가능
- 언어에 민감하기 때문에 적절한 언어적 동기부여가 중요
- 생각이 많아서 우유부단한 느낌이 있으므로 계획을 세우는 습관을 들여야 함
- 성실하고 일관성 있으며 실수가 적기 때문에 집중력 향상이 가장 빨리 일어남

2) 자신만의 집중특성 파악

1. 스스로 생각하기에 집중이 잘되는 환경을 적어보자.

....

....

....

2. 집중이 잘될 때는 어떤 생각이 드는지 적어보자.

....

....

....

3. 집중이 잘될 때의 몸 상태나 기분은 어떠한지 적어보자.

....

....

....

4. 하루 중 집중이 가장 잘되는 시간과 그때에는 어느 정도나 집중을 계속 유
지할 수 있는지 체크해보자.

5. 집중을 잘하기 위한 자신만의 습관이 있다면 어떤 것들이 있는지 한번 적어

보자.

6. 어떤 일을 할 때 집중을 오래 유지할 수 있는지 적어보자.

7. 어떤 일을 할 때 집중을 할 수 없는지 적어보자.

8. 집중상태에서 느낄 수 있는 기분을 다른 어느 때 또 느낄 수 있었는지 적어

보자.

연아's *Episode*

연아는 자신이 집중하지 못하는 여러 원인들 중 가장 큰 이유가 집중할 수 있는 환경이 갖춰져 있지 않아서 그런 것이 아닌가 하고 생각했기 때문에 자신의 집중 스타일을 파악하는 것이 무슨 의미가 있을까 하는 의문이 들었다.

"네 생각처럼 집중할 환경이 제대로 갖춰져 있지 않다면, 아무리 집중력이 강한 사람이라고 해도 집중을 유지하는 데에는 힘이 많이 들겠지. 하지만 집중이 잘되는 환경에 있어도 자신의 집중 스타일을 알고 있느냐 모르느냐는 큰 차이를 만들어내."

"그렇지만 집중이 잘되는 환경이라는 게 내 집중 스타일이랑 똑같은 거 아냐? 그럼, 그건 어떻게 만드는데?"

연아는 독서실이나 도서관, 학교, 공부방 등을 떠올리며 공부환경을 어떻게 만들어야 집중에 도움이 될지 생각해보았다.

그러한 모습을 지켜보던 세현이는 연아의 고민을 덜어주기 위해 가장 일반적으로 받아들여지고 있는 기본적인 학습환경에 대해 설명해줘야겠다고 생각했다. 물론 개인마다 약간의 차이는 있겠지만, 기본적인 환경을 알고 나면 자신만의 색깔을 입히는 것이 더욱 쉬울 것이라고 판단했기 때문이다.

학습환경을 만드는 가장 확실한 방법은 명상이나 요가, 단전호흡 등을 통해 자신의 의지를 제어하는 방법을 익혀서 주변환경의 변화에 민감하게 반응하지 않도록 만드는 것이다. 그러나 이렇게 정신을 제어한다는 것은 고도의 노력과 시간을 요하는 일이므로 즉각적인 대처에는 부적합할 수 있다. 따라서 빠른 효과를 보기 위해서는 방해가 되는 요인들을 제거하고, 할 수 있는 한 주변에 협조를 구하는 것이 가장 간단하다.

자신의 마인드를 바꾸는 방법에 대해서는 다음 단계에서 다루기로 하고 일단은 가장 기본적인 외부환경을 제어함으로써 집중력을 높이는 방법에 대해 알아보도록 하자.

모든 외부환경의 기준을 마련한다는 것은 그 관심을 기울이는 것에 비해 효과가 미미할 수 있다.

집중력과 명확한 상관관계가 있는 요소들의 기준만이라도 제대로 알고 제어할 수 있다면, 풍수지리에 입각해서 책상이나 책꽂이의 위치를 바꾸는 등의 노력을 기울이는 것에 비해 노력대비 효과가 월등할 것이다. 따라서 이번 장에서는 가장 기본이 되는 세 가지 환경요소를 살펴보도록 하겠다.

A. 소음조절

청각이 민감하지 않은 사람이라도 어느 순간 귀에 거슬리기 시작한 잡음 하나에 신경이 쓰여 집중이 깨져버린 경험이 있을 것이다. 이런 경험이 있는 사람들은 공부할 때에 아무런 소리도 들리지 않는 완벽한 무음상태가 공부에 가장 적합한 상태라고 생각하고, 공부환경을 녹음실처럼 방음상태로 만들기 위해 애쓰기도 한다.

하지만 이러한 상태일 때 대부분의 사람들은 오히려 집중을 못 한다. 사람들은 무음상태일 때 자신의 숨소리나 심장박동 소리가 거슬려 귀가 멍해지는 경험을 하기도 한다. 또한 어떠한 소리도 들리지 않는다는 사실에서 느껴지는, 자신이 외부의 세상과 동떨어져 있다는 느낌이나 소외되었다는 느낌이 불안감을 불러일으킬 수 있다.

버스나 지하철에서 책을 읽을 때, 오히려 평소보다 더 집중을 잘할 수 있게 되는 이유도 바로 이런 점에 있다. 자신을 방해하지 않는 수많은 사람들과 같이 있다는 소속감이 마음을 편안하게 만들어주는 것이다. 이와는 반대로 텅 빈 객차에서 홀로 앉아 책을 읽는다고 상상해보자, 생각만 해도 불안하지 않겠는가?

더 나아가 일정 수준의 소음은 오히려 집중에 도움이 된다는 연구 결과도 나와 있다. 소위 '백색소음'이라고 불리는, 거의 일정한 주파수 범위를 가지는 파도소리나 빗방울, 컴퓨터의 팬이 돌아가는 소리, 형광등의 희미한 울림소리는 귀에 금방 익숙해지기 때문에 학습효율에 방해되지 않을뿐더러 톡톡 튀는 주변의 소음을 덮어주는 작용을 하므로 집중력을 향상시키는 데 도움을 준다. 이 연구에 따르면 백색소음을 꾸준히 들리게 한 상태에서는, 집중력이 47.7%, 기억력은 9.6% 향상되고, 스트레스는 27.1%, 학습시간은 13.63% 감소효과가 있다고 보고되었다.

이러한 이유로, 집중을 위해 어느 정도 소음을 제거하는 것은 바람직하지만 지나치게 소음제거에 민감할 필요는 없다는 사실을 알 수 있다. 그러나 만약 사소한 소음 하나만으로도 도저히 집중할 수 없을 것 같다면, 더 큰 소리로 거슬리는 소음을 제거하는 방법도 도움이 될 것이다. 더 큰 소음이란 클래식 음악이나 기분을 좋게 만드는 소리를 말하는데, 어떤 소리가 도움이 되는지는 뒷부분에서 자세하게 다뤄질 것이다.

B. 밝기조절

소음제거만큼 신경 써야 할 또 다른 부분은 학습장소의 밝기조절이다. 많은 사람들이 조명은 밝을수록 좋다고 생각하여 형광등을 고휘도로 교체하고 벽지까지도 밝고 화사한 색으로 도배하는 경우가 많은데, 이러한 작업은 오히려 집중력을 떨어뜨리는 요인이 된다.

태양빛이 내리쬐는 오후에 밖에서 공부한다고 생각해보자. 눈이 부실 정도로 밝은 장소에서는 한 가지 일에 집중하기가 힘들다. 눈이 쉽게 피곤해지는 일차적인 이유뿐만 아니라, 밝은 빛이 주변의 모든 사물을 너무 정확히 보게 해주기 때문에 쉽게 다른 사물에 마음을 빼앗길 수 있다. 이런 이유로 조명이 10% 정도 밝아질 때마다 집중효과는 25% 이상 떨어진다.

따라서 정신을 산만하게 만드는 주변환경이 눈에 들어오지 않도록 전체 조명은 어둡게 하고, 자신이 집중할 부분만을 선명하게 비추는 스탠드 같은 부분조명이 효과적이다. 이때의 밝기는 300룩스 이하가 적당하다.

C. 정리정돈

집중에 적합한 환경을 만들기 위해 가장 먼저 할 일은 학습장소의 정리정돈일 것이다. 책상 위에 필요한 참고서와 문구류가 깔끔하게 정리되어 있다면 학습 도중에 이러한 것들을 찾기 위해 집중상태를 깨지 않아도 되므로 집중을 유지하는 시간이 길어지고, 시각적인 효과도 생겨서 학습의욕이 향상될 것이다.

따라서 집중이 잘 되지 않는다는 생각이 들 경우에는 일단 주변정리부터 시작해보자. 공부와는 관계가 없는 불필요한 것들을 제거하고 지금 공부하는 데에 필요한 전반적인 준비품목들을 점검함으로써 마음가짐을 새롭게 할 수 있을 것이다.

이외에도 쾌적한 공부방 상태를 유지하기 위해서는 방안온도를 18~20℃ 정도로 유지시켜 주는 것이 좋다. 또한 두뇌에 산소를 제대로 공급할 수 있도록 주기적으로 신선한 공기로 실내환기를 시켜 최적의 학습환경을 만들어주어야 한다.

그러나 이러한 요소들은 위의 세 가지 요소들에 비해 상대적으로 집중력에 미치는 영향이 작으며, 학생들 각각의 상황에 따라 심각한 정도의 차이를 보이지 않으므로, 뒷부분에서 자세히 알아보기로 하겠다.

연아's *Episode*

연아는 집중할 수 있는 환경이 제대로 갖추어져 있다면 그 다음 필요한 요소는 공부를 하고자 하는 마음이 아닐까 하는 생각이 들어 세현이에게 어떻게 하면 꼭 집중해야겠다는 의지가 강하게 생기는지를 물었다.

"맞아. 공부하고자 하는 마음이 없다면, 집중할 이유가 없을 거야. 그런 마음은 사람에 따라 금방 생기기도 하지만, 또 어려운 문제이기도 하지. 너는 꼭 공부를 해야겠다는 생각이 든 적 있어?"

"그럼 당연하지. 그런 생각을 안 한 사람이 어딨어? 다만 그게 오래 가지 않아서 문제지. 나도 엄마가 지난 시험 때 평균점수가 십 점 이상 오르면 컴퓨터를 바꿔준다고 해서 며칠 죽어라고 해본 적이 있어."

"그런데 지금은 공부를 꼭 해야 한다는 마음이 별로 안 든다는 거지?"

"그렇지. 컴퓨터를 바꾸었으니 더이상 할 필요가 없잖아?"

세현이는 연아가 동기를 일깨우기 위한 가장 간단한 방법인 보상효과의 늪에 빠져 있다는 생각이 들어 내부적인 보상이 무엇인지, 보상을 어떻게 설정해야 학습동기가 지속적으로 나타나는지를 설명해주었다.

"그건 네가 보상을 외부에서만 찾으려고 해서 그런 것 같아. 어떤 보상을 받는 것이 네 자신에게 도움이 될지 명확한 개념이 아직 안 잡혀있다는 거지. 지금부터 네가 스스로에게 주는 상을 만드는 방법을 익혀보자."

어떠한 대상에 관심이 많으면 많을수록 집중력은 강해질 수밖에 없다. 따라서 어떤 대상에 높은 관심을 기울인다면 집중력은 끊어지지 않고 계속 유지될 것이다.

하지만 우리가 접하는 대부분의 일들은 자신이 하고 싶지 않은데도 어쩔 수 없이 해야 하는 경우가 많다. 이렇게 의무와 책임에 의해 흥미가 생기지 않는 일을 억지로 해야 할 경우에는 집중력이 흐트러져서 평소보다 몇 배의 힘이 들 수밖에 없다. 따라서 어떠한 일을 하든지 능동적인 선택을 하도록 유도하는 적절한 동기부여가 필요하다.

그런데 전혀 흥미를 느끼지 못하는 대상한테 어떻게 관심을 유도할 수 있을까?

동기유발은 주어진 과제를 긍정적으로 바라보도록 하는 것만으로도 간단하게 효과를 거둘 수 있기에, 보상효과에 대해 잘 알아두면 유용하게 사용될 것이다.

어떠한 과제를 끝냄으로써 얻을 수 있는 달콤한 보상 때문에 현재 일의 부족한 의욕 부분을 메꾸어 나간다는 보상효과는 우리들이 오래전부터 사용해왔던 고전적인 방법 중 하나다. 예를 들어 흥미 없는 과목을 공부할 때, '이 단원을 마치고 나면 좋아하는 음악을 듣겠다' 든가 '맛있는 간식을 먹겠다' 는 식의 보상을 설정하는 것이 하기 싫은 공부를 조금이라도 긍정적인 방향으로 돌리는 계기가 되는 것이다.

현실감 없는, 그저 미래에 머물러 있는 목표를 달성하기 위해 현실의 단순한 일에 집중해야 한다는 식의 의지표출은 즉각적인 반응을 유도하기 힘들 수 있으므로, 미래만을 위해 오늘의 지겨움을 감수하지 말고 지금 여기서 바로 즐거움을 느낄 수 있도록 보상거리를 찾아내보자.

쾌락이 주는 빠르고 신속한 보상 때문에 쾌락을 좇아야겠다는 의지가 쉽게 생겨나는 것처럼, 학습에서도 그 안에 숨어 있는 즐거움이나 자신만의 보상거리를 찾아내면 학습동기가 생겨날 것이다.

예를 들어, 연습장을 까맣게 열 장 이상 채워야 하는 깜지숙제를 해야 하는 경우에도 즉각적인 보상거리는 존재한다. 대부분의 학생들은 깜지숙제의 의미를 찾지 못하는 경우가 많으므로, 산만한 상태로, 어떠한 의지도 없이 진행하는 경우가 많다. 그러나 나름대로의 보상거리를 쉽게 찾아내는 학생은 연습장 한 장을 메꾸는 데 걸리는 시간을 0.1초라도 단축시키기 위한 방법을 찾는다거나, 깜지에 집어넣을 내용을 좀 더 제대로 된 내용으로 채워 넣기 위해 애를 쓴다.

그러한 과정에서 도대체 어떻게 보상을 얻을 수 있다는 말인지 이해가 되지 않는 사람들을 위해 구체적으로 되짚어보자.

보상거리를 잘 찾아내는 사람은 깜지를 작성할 때에도 자신이 마치 깜지 올림픽에 나가는 선수라도 되는 양 연습장 한 장을 메꾸는 데 걸리는 시간을 조금이라도 단축시킴으로써 즐거움을 얻기도 한다. 혹은 하찮은 깜지가 아닌 많은 사람들 앞에서 발표할 중요한 내용들을 선별하는 과정인 것처럼 연습장을 채워나가는 데에서 뿌듯함을 느낄 수도 있다.

이렇게 의미 없는 대상에서도 자신만의 즐거움을 유발할 수 있는 보상능력을 키운다면 그에 따라 동기를 유발하는 일이 쉬워질 것이다.

아무 생각 없이 억지로 작업하는 깜지와 보상을 찾아내 즐겁게 하는 깜지의 결과물은 서로 다르게 나타날 것이 당연하며, 이에 따라 학습의 방향성도 바뀌는 결과를 초래할 것이다.

하찮은 일임에도 불구하고 성의를 다해 작업한 결과물은 주변의 평가를 바꾸어놓을 것이며, 그러한 주변의 평가에 고무된 마음은 그들의 기대에 부응하기 위한 사고의 전환을 가속화시킬 것이다.

고작 깜지 하나를 채우는 데에도 그것을 어떻게 받아들이느냐에 따라 이렇게 상반된 결과들이 나오는데, 이러한 습관이 몸에 배어 자신이 행하는 많은 일에 적용하는 사람은 단지 성적향상에 그치지 않고 삶 전체에도 변화를 가져올 것이다.

자신 앞에 닥친 모든 상황들을 즐길 수 있도록 창의적인 발상이 가능한지 아닌지에 따라 삶을 바라보는 가치관도 변화될 수 있다는 것이다.

하지만 여기서 주의할 점은 모든 사람의 욕구가 각자 다르므로 자신에게 꼭 필요한 부분을 보상으로 설정해야 한다는 것이다. 수긍하기에 충분하지 않은 보상밖에 생각해낼 수 없는 상황이라면, 보상이 주는 효과는 일시적인 반응만을 줄 뿐, 지속적인 의욕을 끌어내기 힘들 것이 분명하다. 따라서 이런 문제를 줄이기 위해서는 보상의 내용을 가능한 한 구체적으로 상상해보는 것도 좋은 방법이다. 이때에는 실현 가능성 높은 보상에 대한 구체적이고 세부적인 상상을 하면 할수록 효과적이다.

하지만 이러한 방법만으로는 진정한 동기부여를 만들어내기에 역부족일 수 있다. 어디까지 공부하면 보상이 생기는지 미리 기준을 정해놓는 것이므로 그 기준만 달성하면 보상이 없는 더이상의 공부는 하려고 하지 않을뿐더러 어떻게든 기준만 맞추면 된다는 생각 때문에 학습의 질도 떨어질 수 있다.

더 나아가 매번 보상의 강도가 더 강해지지 않는다면 보상의 효과가 없어지는 것은 물론이고, 어느 순간 점차 강해지는 보상에 면역이 생겨 보상은 그저 당연히 받아야 할 권리로 여길 수도 있다.

그러나 더 큰 문제는 이러한 문제가 있다고 해서 외적인 보상에 익숙한 사람에게 보상을 하지 않았을 때 그때 발생한다. 보상이 없다면, 그들은 아예 과제수행을 하지 않을 것이기 때문이다. 항상 있었던 보상이 없어지면, 그에 따라 관심도 완전히 사라져 전혀 집중할 수 없는 상태가 되어버리기도 한다.

따라서 같은 보상이라도 처음부터 이런 외부적인 보상대상을 찾아주는 것이 아니라, 내부적인 보상대상을 찾아내는 습관을 들이도록 만드는 것이 효과적이다.

내부적인 보상이란, 집중대상에서 정신적·감정적인 즐거움을 찾는 것을 말하며, 자신의 생각에 따라 그 강도나 빈도를 자유자재로 조절할 수 있으므로 외부적 보상에 비해 훨씬 커다란 만족감을 얻을 수 있다. 어떠한 일을 해냈을 때 그 일을 스스로 성취했다는 자존감과 희열감이 느껴진다면 이러한 짜릿함을 느끼기 위한 지속적인 노력이 수반될 것임은 분명하다.

'혼나지 않기 위해서', '학생이니까 어쩔 수 없어'라는 식이 아닌, '해낼 수 있다는 자신감'과 '보다 더 성장하는 자신을 위해서' 같은 목표 아래 공부하면, 그 결과 얻을 수 있는 내적인 보상은 그 어떤 외부적인 보상보다 크면서도 효과적일 것이다.

연아's *Episode*

"목표가 명확하면 집중을 훨씬 쉽게 할 수 있을
거야."

세현이는 목표설정이 집중력 향상에 얼마나 도움
이 되는지를 설명해주려고 했다. 하지만 연아는 그녀
의 말을 들으려고도 하지 않았다.

"나도 목표 있어. 반에서 상위권에 드는 거야!"

"바로 그렇기 때문에 네가 제대로 집중하기 힘든 거야."

세현이는 연아의 집중력 문제가 바로 모호한 목표밖에 없다는 데에
서 시작되는 것이 아닌가 하고 생각했다. 그래서 그녀는 연아에게 목
표를 얼마나 구체적으로 설정해야 하는지, 그 목표를 이뤄내기 위해
서는 어떤 식의 계획을 세워야 하는지, 앞으로 지켜야 할 요령은 무
엇인지와 같은 세부적인 사항에 대해 지도할 필요성을 느꼈다.

4단계:플래닝
목표를 향해 전진

달성해야 할 일이 분명하다면 오랜 시간 집중을 유지하는 데 도움이 된다. 목표를 달성하기 위해 계획을 상세하게 짜놓았다면, 다른 일은 신경 쓸 필요 없이 잘 다듬어진 길만 가면 되기 때문이다. 계획에 따라 시간을 어떻게 활용할지 미리 정해놓지 않는다면 주의력이 사방으로 흩어져 불필요하게 에너지를 낭비해버릴 것이다.

따라서 효율적으로 시간을 사용하고 집중력을 오래 유지하기 위해서는 체계적인 계획표를 만들어야 한다.

계획표 작성방법

1) 장기목표 설정

목표를 설정하는 데 가장 먼저 해야 할 것은 자신이 원하는 모습을 구체적으로 떠올려 보아야 한다는 것이다. 그러한 모습은 현실에서 일어날 수 있는 수준에서 명확하게 만들어내야 그것을 이뤄내기 위한 강한 동기가 부여될 수 있다. 따라서 목표를 설정할 때에는 아래에 제시된 **SMART**의 원리를 지키는 것이 바람직하다.

- **S–specific:구체성** (상위권이 되고 싶다 X, 3등 안에 들고 싶다 O)
- **M–measurable:측정가능성** (열심히 하겠다 X, 세 시간씩 공부한다 O)
- **A–achievable:성취가능성** (전국 최고가 되겠다 X, 전교 10등 안에 든다 O)
- **R–responsible:책임성** (하다 보면 잘될 거다 X, 꼭 스스로 이뤄내겠다 O)
- **T–timed:시한성** (언젠간 이루어진다 X, 1년 내로 해낸다 O)

이때 정하는 목표수준은 신중하게 설정해야 한다. 성공했을 때 큰 성취감을 안겨줄 정도의 목표를 설정해야만 의욕이 생기기 때문이다. 수준이 너무 낮으면 특별한 의욕이 생기지 않을 수 있고, 수준이 너무 높으면 성공확률이 떨어지기 때문에 동기를 북돋우지 못할 것이다.

2) 중 · 단기목표 설정

예를 들어 **장기목표**로 '다음 시험에서 전교 10등 안에 들겠다' 는 목표를 세웠다면, 그것을 세분화하여 다시 중 · 단기 목표로 나누어야 한다.

세분화하는 단계에서는 다음과 같은 연상과정을 거쳐야 목표를 구체화할 수 있다.

다음 시험에서 전교 10등 안에 들겠다.(장기목표) ⇨ 그러기 위해서는 평균 97

점 이상을 맞아야 한다. ⇨ 평균 97점을 맞기 위해서는 평소 성적이 잘 나오지 않는 영어과목에서 92점 이상 맞을 필요가 있다. ⇨ 특히 취약한 문법을 보강할 필요가 있다. ⇨ 영어성적을 올리기 위해 문법은 적어도 하루 한 시간 이상을 꾸준히 공부한다.

이러한 연상과정을 거쳐서 나온 '영어과목에서 92점 이상 맞을 실력으로 만든다' 와 같은 구체화된 목표가 **중기목표**이며, '영어성적을 올리기 위해 문법은 적어도 하루 한 시간 이상 꾸준히 공부한다' 와 같은 마지막 단계는 **단기목표**라고 할 수 있다.

3) 일일 우선순위 작성

장기 · 중기 · 단기목표를 세웠다면, 다음으로 할 일은 **세부계획**을 세우는 일이다. 세부계획을 세우는 일에도 적절한 순서와 요령이 있는데 다음과 같은 방법을 익혀보자.

:: 세부계획 작성순서

일단 백지나 일일계획표 안에 해야 할 모든 일을 적어보자. 이렇게 적어놓은 일들을 검토하여 무엇을 먼저 해야 할 것인지 우선순위를 정한 다음, 그 우선순위에 따라 다시 해야 할 일의 순서를 정리해보자. 우리의 집중력은 시간이 가면 어쩔 수 없이 약화되기에, 집중력이 강할 때 우선시해야 할 일을 정해야 한다. 우선순위를 정할 때에는 먼저 전체적으로 쭈욱 한번 훑어본 다음, 가장 흥미 있는 과목이나 범위를 1순위로 정하는 것이 좋다. 짧은 시간에 끝낼 수 있는 쉬운 과목을 마친 후 성취감을 높이면 공부에 한결 탄력이 붙을 것이다. 처음부터 시간이 많이 걸리는 어려운 과목을 시작하면 금방 포기할 구실을 찾아내 쉽게 의욕을 잃고, 집중이 더욱 힘들어질 수 있으므로 쉬운 과목을 우선순위로 정하는 게 좋다. 여러 과목들 중 가장 힘든 과목을 먼저 해야 한다고 생각하는 사람은, 그 어려운 과목을 힘들게 끝낸 후에도 나머지 과목들 중 또 가장 어려운 과목을 선택할 것이고, 이러한 순서가 반복되면 공부를 마칠 때까지 항상 심리적으로 제일 어려운 과목만을 공부하는 악순환을 낳게 된다. 하지만 이와는 반대로 의식적으로 쉬운 과목부터 공부하는 습관을 들이면, 항상 공부가 쉽다는 생각으로 학습에 임할 수 있을 것이다.

:: 우선순위 정리요령

1. 해야 할 일 정리	2. 중요도 체크	3. 순위설정
ex) 사회 3단원 지도 파악	B	2
ex) 영어 5과 본문해석	A	1
ex) 체육 실기대비 연습	D	3

주의사항
- 중요도는 각자의 판단에 따르되, 오늘 꼭 처리해야 하는 것은 A, 하면 좋은 것은 B, 하면 좋지만 안 되면 어쩔 수 없는 것은 C, 혹시 시간이 남는다면 D로 정하여 체크한다.
- 순위설정 후에는 계획표에 우선순위부터 배치할 것이므로 따로 순위에 맞춰 재정리할 필요는 없다.

4) 학습 틈새시간 확인

우선순위를 정한 뒤에 할 일은 그 일들을 배치할 수 있는 시간들을 만들어내는 것이다. 우리는 항상 해야 할 일은 많고 할 시간은 적다고 불평하지만, 그러한 불평은 자신의 시간을 제대로 분석해내지 못했기 때문에 생기는 것이다. 자신이 하루 24시간을 무엇을 하면서 보내는지, 일상생활을 분석하여 구체적인 목록을 작성해 본다면 자신에게 얼마나 많은 시간이 있는지 놀라게 될 것이다.

하루 24시간을 20분 단위로 끊어서 자신의 일과를 정리한 뒤 틈새시간을 찾아보자.

20분이라는 시간은 인지심리학에서도 집중력을 극대화시킬 수 있는 최적의 시간이라고 말한다. 또한 기억력도 학습의 처음과 끝 부분의 기억이 강하기 때문에 한 시간을 연속해서 공부하기보다는 다른 내용을 가지고 짧게 짧게 끊어서 공부하는 것이 효과적이다.

한두 시간을 한 과목에 할애하면 자신도 모르게 마음이 느슨해질 수 있지만, 겨우 20분의 시간이라면 싫증을 낼 틈도 없이 학업에 집중하게 될 것이다. 작업시간이 짧아지면 자연히 집중력이 생길 수밖에 없다. 시간적인 제한이 있을 때 생기는 긴장감은 집중력을 만들어내는 데 놀라운 원동력이 되어줄 수 있다는 말이다.

중요한 것은 얼마나 오래도록 책상에 앉아 있었느냐는 것이 아니라 얼마나 집중해서 공부했는가 하는 것임을 명심해야 한다.

:: 틈새시간 체크리스트

	mon	tue	wed	thu	fri	sat	sun
am 7:00 ~ 7:20							
am 7:20 ~ 7:40							
am 7:40 ~ 8:00							
am 8:00 ~ 8:20							
am 8:20 ~ 8:40							
am 8:40 ~ 9:00							
am 9:00 ~ 9:20							
am 9:20 ~ 9:40							
am 9:40 ~ 10:00							
am 10:00 ~ 10:20							
am 10:20 ~ 10:40							
am 10:40 ~ 11:00							
am 11:00 ~ 11:20							
am 11:20 ~ 11:40							
am 11:40 ~ 12:00							
pm 12:00 ~ 12:20							
pm 12:20 ~ 12:40							
pm 12:40 ~ 1:00							
pm 1:00 ~ 1:20							
pm 1:20 ~ 1:40							
pm 1:40 ~ 2:00							
pm 2:00 ~ 2:20							
pm 2:20 ~ 2:40							
pm 2:40 ~ 3:00							
pm 3:00 ~ 3:20							

	mon	tue	wed	thu	fri	sat	sun
pm 3:20 ~ 3:40							
pm 3:40 ~ 4:00							
pm 4:00 ~ 4:20							
pm 4:20 ~ 4:40							
pm 4:40 ~ 5:00							
pm 5:00 ~ 5:20							
pm 5:20 ~ 5:40							
pm 5:40 ~ 6:00							
pm 6:00 ~ 6:20							
pm 6:20 ~ 6:40							
pm 6:40 ~ 7:00							
pm 7:00 ~ 7:20							
pm 7:20 ~ 7:40							
pm 7:40 ~ 8:00							
pm 8:00 ~ 8:20							
pm 8:20 ~ 8:40							
pm 8:40 ~ 9:00							
pm 9:00 ~ 9:20							
pm 9:20 ~ 9:40							
pm 9:40 ~ 10:00							

- 자신의 일과를 꼼꼼히 체크한 뒤 빈 시간대에 자신이 중요하다고 생각되는 우선순위의 해야 할 일들을 배치한다.

5) 일일계획표 작성 및 확인

앞에서 확인한 자신만의 집중 패턴에 따라 일일계획표에 학습과제를 배치하라. 만일 늦은 저녁시간에 컨디션이 최상이라면 집중력과 창의력을 요하는 과제를 이 시간대에 우선 배정하라는 말이다. 이런 방식으로 우선순위가 떨어지는 과목은 컨디션이 저하되는 시간대에 배치하면 된다.

또한 계획표는 만들기만 했다고 끝이 아니다. 그 계획을 잘 지키고 있는지 진행결과를 확실하게 체크할 수 있어야 한다. 계획을 달성했다면 결과란에 'O' 표시를 넣고, 하긴 했으나 미완성이라면 '?', 만약 처리하기 힘들었다면 'X' 표시를 한 뒤, '?'와 'X' 표시는 다음날 해야 할 일 목록에 옮겨 적어라.

이때 만약 진행과정 중에 중단할 수밖에 없었던 '?'로 표시된 과제라면, 어디까지 하다가 중단하게 되었는지 나중에라도 바로 확인할 수 있도록 계획표에 꼼꼼히 메모해놓도록 하라.

6) 유의사항

A. 너무 무리한 계획은 집중력을 떨어뜨릴 수 있다.

우리는 대부분 자신이 할 수 있는 것보다 더 많은 일을 벌인다. 자신의 능력보다 지나치게 많거나 어려운 과제들은 걱정과 불안으로 생각을 흐트러뜨리고, 쉽게 지치게 만들어 스트레스를 유발한다. 따라서 모든 계획은 자신의 능력에 맞게 현실적으로 세워야 한다.

해야 할 일 정리	중요도 체크	순위결정	확인	수행내용
ex) 사회 3단원 지도 파악	B	2	△	세부지명 못 외움
ex) 영어 5과 본문해석	A	1	O	노트완료
ex) 체육 실기대비 연습	D	3	×	시간 없었음

B. 건강을 유지하기 위한 계획도 필수이다.

건강하지 못한 상태에서는 쉽게 피로가 느껴지기 때문에, 두뇌회전이 느려지고 이에 따라 집중력도 떨어진다.

따라서 오래 앉아 있었다면 건강을 챙길 수 있도록 시간계획에 여유를 두는 것도 필수이다. 아주 잠깐이라도 자리에서 일어나 간단한 스트레칭을 할 수 있는 시간을 만들어두어라.

건강을 유지하는 또 다른 중요요소는 적당한 수면시간의 배분이다. 수면시간의 양보다는 얼마나 제대로 수면을 취했는지 그 질이 중요하기 때문에 오랜 시간을 배분할 필요는 없다. 수면시간이 짧더라도 푹 잘 수 있는 환경을 만들어야 한다.

C. 정신의 충전시간도 고려해야 한다.

쉬지 않고 일하는 사람은 최고의 능력을 발휘하지 못한다. 누구나 고민은 있게 마련이고 그 고민거리를 머릿속에서 완전히 떨쳐낸 채 학습에 임하는 건 그리 쉬운 문제가 아니기 때문이다. 따라서 집중하기 전에 그러한 고민거리를 진지하게 생각하여 정리해볼 시간을 갖는 것이 좋다. 하지만 이때에도 고민에 대해 생각할 시간을 정확히 정해두어야 한다. 고민은 끝도 없이 이어질 수 있기 때문이다. 시간 안에 문제를 해결하지 못했으면 다음에 생각할 수 있도록 시간을 적절히 배분해두어라.

연아's *Episode*

"아무리 해야 할 필요를 느끼고, 목표에 따라 계획을 세웠다고 해도, 막상 공부할 때 집중이 안 된다면 다 필요 없는 거 아냐?"

연아의 까칠한 반응에 세현이는 약간 당황했지만 곧 다시 차분히 설명을 이어나갔다.

"집중이 안 되는 데에 여러 요인이 있는 것처럼 집중을 하는 데에도 여러 방법이 있는 거야. 네가 생각하는 문제가 심각하다면 그런 문제를 고치는 방법도 물론 있지. 예를 들어 공부할 내용이 이해도 잘되고 기억도 잘된다면 집중이 좀더 쉬워지지 않겠니?"

세현이는 좌뇌와 우뇌라는 양쪽 뇌를 전부 사용하여 딴생각을 할 여유가 없게 만드는 것과 동시에, 공부가 쉽고 즐겁게 느껴질 수 있는 방법을 알려주어야겠다고 생각했다.

필요한 정보를 빠르고 정확하게 찾아내고 저장하기 위한 과정에선 강한 집중력이 발휘된다. 집중력과 기억력은 동전의 앞뒷면과 같아 떼려고 해도 뗄 수 없는 관계이기 때문이다.

외부의 정보를 잘 기억하기 위해서는 그 대상에 제대로 집중할 수 있는 집중력이 필요하고, 그래서 제대로 잘 집중하면 기억도 잘되는 상호작용이 일어난다.

그렇다면 집중력을 향상시켜주는 연상 기억능력은 어떻게 향상시킬 수 있을까?

방법은 간단하다. 우뇌의 영상화 능력을 이용하는 것이다.

1) 형상화 훈련

우뇌 영상화 능력을 키우기 위한 첫 훈련은 형상어 기억 훈련이다.

여러분은 아래에 주어진 형상단어를 기억하려 할 때에 어떠한 방법을 사용하는가? 자신의 방법대로 이러한 것들을 기억하려 할 때, 자신의 머릿속에는 어떠한 생각이 드는지 자세히 살펴보며 진행해 나가보기 바란다.

아래의 단어들은 각 단어당 1초에서 3초가량의 시간만을 배분해야 하며, 반복하지 말고 단 한 번만 보고 몇 개나 기억할 수 있는지 측정해 보자.

1. 색연필, 2. 테이프, 3. 냉장고, 4. 참새, 5. 마늘, 6. 프라이팬, 7. 해바라기, 8. 주사, 9. 슬리퍼, 10. 농구공, 11. 우유, 12. 간장, 13. 자장면, 14. 전봇대, 15. 굴뚝, 16. 목도리, 17. 자전거, 18. 튜브, 19. 쌀, 20. 샐러드, 21. 초코파이, 22. 귤, 23. 달걀, 24. 양배추, 25. 줄넘기, 26. 김밥, 27. 우체통, 28. 풍선, 29. 아령, 30. 식초

앞의 단어를 기억했다면 단어들을 보지 말고 순서대로 적어보라.

1._____	2._____	3._____	4._____
5._____	6._____	7._____	8._____
9._____	10._____	11._____	12._____
13._____	14._____	15._____	16._____
17._____	18._____	19._____	20._____

112

21._____   22._____   23._____   24._____

25._____   26._____   27._____   28._____

29._____   30._____

몇 개 정도 기억하였는가? 대부분의 사람들은 평균 다섯 개 정도의 기억밖에 해낼 수 없다. 처음 시작할 때의 집중력을 뒷부분까지 유지할 수 없기 때문이다. 기억을 하는 동안 여러분의 머릿속에는 주변의 소음이나 집에서 받은 스트레스, 앞으로 해야 할 숙제 같은 온갖 잡다한 생각이 들 것이며, 이러한 생각이 집중을 방해했을 것이다.

그러나 똑같은 내용이라도 어떻게 기억하느냐에 따라 집중력에는 많은 차이가 발생한다. 예시된 단어를 풀어낸 아래의 글을 읽으면서 머릿속으로 가능한 한 명확히 상상할 수 있도록 노력해보자.

'좋아하는 색깔의 색연필이 부러져서 테이프를 칭칭 감아 얼리기 위해 냉장고 문을 열었는데, 그 안에 참새구이를 하기 위해 마늘에 절여놓은 고기 덩어리들이 보였다. 그것들을 꺼내 프라이팬에 넣고 해바라기 씨앗으로 만든 기름을 정확하게 짜 넣기 위해 주사기에 넣어 뿌렸는데, 그것이 흘러나와 슬리퍼에 묻어 미끌거려 휘청이다가 옆에 놓인 농구공을 밟아 넘어지고 말았다.

넘어지면서 우유를 간장통에 쏟아버린 바람에 그 간장을 바로 요리하기 위해 자장면을 만들기 시작했다. 자장면을 만든 후, 전봇대처럼 생긴 젓가락으로 먹기 시작했는데, 젓가락 끝은 굴뚝처럼 움푹 패여 있다. 다 먹은 후 굴뚝처럼 생긴 그 끝을 목도리에 슥슥 닦아낸 후, 목도리를 두르고 자전거를 타려고 하는데, 튜브에 바람이 빠져 움직일 수 없다. 무용지물이 된 튜브를 벗겨내어 그 안에 쌀을 담아, 샐러드 요리와 함께 먹기 위해 준비하기 시작했다.

샐러드에는 초코파이를 부숴 넣으면 더 맛있겠다는 생각이 들었고, 시큼한 맛을 내기 위해 귤도 넣고, 담백한 맛을 내기 위해 달걀을 반쪽 내서 넣고, 맨 마지막으로 아삭아삭한 양배추를 썰어 넣었다. 이렇게 계속 먹기만 해서 배가 너무 불러 줄넘기를 했는데, 그러다 보니 배가 꺼져 또 김밥을 먹었다. 그 김밥은 우체통처럼 생긴 통 안에 들어 있는데, 그 통에는 풍선이 달려 있어서 날아가버릴 것만 같아 그 밑에 아령을 달았다. 이런 작업을 하는 사이, 김밥에서는 식초 냄새 같은 시큼한 냄새가 나기 시작했다.'

이렇게 서로 관련 없는 대상물이라도 자기만의 방식으로 연결시킨 후, 가만히 놓여 있는 영상을 떠올리면 30개 정도는 한번만 읽고도 쉽게 기억할 수 있다.

이러한 훈련들을 통해 서로 관련 없는 단어들을 집중해서 쉽게 기억할 능력이 생겼다면, 내용에 일정한 흐름이 있는 학습물에서는 더 많은 효과를 볼 수 있을 것이다.

예를 들어 삼국시대의 정치, 문화, 사회, 경제를 다룬 국사자습서의 글씨와 삼국시대를 다룬 영화나 드라마를 직접 보는 것 중 어떤 것이 더욱 재미있고 쉽게 기억이 되었는지를 비교해 보면, 그 차이를 쉽게 가늠할 수 있다.

영상화 훈련이 습관화된 사람들은 선생님의 말씀을 듣고 열심히 받아 적기에만 급급했던 예전의 습관을 벗고, 마치 수업내용을 영화나 연극을 보듯 눈앞에 떠올릴 수 있게 될 것이다. 따라서 외울 것이 많아서 지겨웠던 암기과목의 내용이 생생한 현장 이미지와 함께 선명히 떠올라 공부가 재미있어지고, 그러한 재미는 집중력을 불러와 더욱 쉽고 빠르게 기억될 것이다.

지금부터라도 하루에 30개씩 쉬운 단어를 선별하여 연상결합을 통해 이미지를 떠올리는 훈련을 해보기 바란다. 날마다 꾸준히 훈련한다면 누구나 한 달 후에는 억지로 기억하려 하지 않아도, 그냥 보기만 해도 기억이 나는 능력을 얻게 될 것이다.

2) 기억 힌트 설정 훈련

쉬운 것들은 한 번만 들어도 이미지가 확실히 떠오르고 간단하게 기억할 수 있는 사람이라면 그 어떤 것도 자신의 응용능력에 따라 쉽게 기억하는 것이 가능해질 것이다.

추상적인 단어를 눈앞의 선명한 이미지로 변환시킬 수 있는 방법은 전적으로 자신의 아이디어에 달려 있다.

시험 보는 도중 어디서 보긴 봤는데 막상 그 내용이 상세히 기억나지 않았던 경험을 해본 사람이라면 교과서나 참고서에 그 내용과 관련 있을 만한 그림을 직접 그려 넣어 시각화 해보는 것도 좋은 방법 중 하나다. 기억이 날 듯 말 듯한 이유는 기억이 선명하지 않아서 그렇다기보다는 과거의 기억을 다시 회상해낼 적절한 방법을 찾아내지 못해서인 경우가 대부분이기 때문이다. 따라서 중요하다고 생각하는 것을 자신이 익히 알고 있는 이미지와 관련지으면 회상이 쉽다.

기억의 중추인 '뇌의 해마'에 전기자극을 주면 기억이 전혀 없다고 생각했던 어릴 때의 추억들까지도 또렷하게 되살아난다.

이처럼 자신이 본 내용은 어떠한 것이든 이미 두뇌의 기억창고 속에 보관되어 있다고 보아도 좋다. 이렇듯 완벽하게 보관되어 있지만, 잘 떠오르지 않는 기억을 회상해내기 위해서는 회상의 단서가 될 수 있는 것을 되도록 많이 만들어두는 것이 좋다. 그러한 단서가 있다면 그 단서를 힌트로 하여 복잡하고 거대한 두뇌의 기억창고에서 원하는 정보를 쉽게 찾을 수 있기 때문이다.

교과서나 참고서를 보다가 무언가 중요한 것을 보았다면 그 페이지의 어떠한 부분이 되었건 간에 떠오르는 아이디어를 낙서와 같은 이미지로 그려 넣는 습관을 들여보자. 나중에 회상하려 할 때 그러한 이미지가 떠오름과 동시에 기억의 힌트로 작동하여 추상적인 학습내용도 쉽게 기억나도록 만들어줄 것이다. 예를 들어 거란의 고려 침입 부분에 대해 공부하고 있다면, 그 페이지의 여백에 자신이 상상한 거란군대의 모습을 그려서 그림과 정보를 관련지어 기억해두는 연습을 하라는 것이다.

3) 변환 응용 훈련

책의 요소마다 관련된 그림을 그려 넣는 이런 쉬운 방법으로는 금방 한계에 부딪힐 수도 있다. 전체적인 그림으로는 그 배경에서만 힌트를 얻을 뿐, 구체적인 이름이나 지명 등을 정확히 기억하긴 힘들 수 있기 때문이다. 따라서 구체적인 대상물을 기억하기 위해서는 사물을 통한 훈련과 마찬가지로 자신만의 힌트가 되는 영상을 떠올리는 훈련이 좋다.

자신만의 힌트가 되는 영상을 잡아 훈련하는 방법에 대해서는 마지막장의 교과서 활용편에서 자세히 다뤄질 것이므로 참고하기로 하자.

이상과 같이 기억력을 높이기 위한 모든 훈련은 단순하게 좌뇌만을 사용하는 것이 아닌, 전 뇌를 사용하는 방식이므로 학습 도중 딴생각을 할 여지를 주지 않고 온전히 학습대상물에만 생각을 모을 수 있도록 도와준다. 생각이 하나로 모이면 그만큼 집중을 유지할 수 있는 힘이 커지는 만큼, 이 훈련은 집중력 강화와 관련이 깊으므로 꾸준히 단련해보자.

연아's *Episode*

연아는 세현이 언니의 상세한 설명이 귀에 쏙쏙 들어오긴 했지만 아직도 많은 부족함을 느꼈다. 그중 제일 많은 부족함을 느낀 부분은 지금까지 언니에게 들은 방법들이 의식적인 노력을 많이 요구한다는 사실이다.

그녀는 과연 집중을 잘하기 위해 이 정도의 정신적인 노력을 항상 기울여야 하는 것인가 의구심이 생겼다. 벌써부터 어떻게 하면 조금이라도 편하게 할까 하는 요령을 찾는 나쁜 습관이 도진 듯했다.

"물론 의식적으로 집중을 잘하기 위해서 노력하지 않아도 잘할 수 있는 방법이 있지. 집중과는 별 상관이 없을 것 같은 단순한 훈련인데, 이 훈련들을 반복하면 자연스럽게 집중력이 생길 거야."

언니의 말을 들은 연아는 눈이 번쩍 뜨였다. 의식적인 노력을 필요로 하지 않는 방법이라면 자신처럼 의지력이 많이 부족한 학생에게는 최고의 방법이 아닐까 싶었기 때문이다.

연아는 언니의 입에서 무슨 말이 나오는지 주의 깊게 관찰하기 시작했다.

사람의 심리와 신체는 밀접한 상관성이 있기 때문에 신체에 어떤 자극을 가함으로써 심리를 미묘하게 조절할 수 있다. 신체 상태가 마음에 따라 좌우되는 것처럼, 마음도 신체의 영향을 받는 것이다.

실제로 어떤 대상에 집중하려고 할 때는 신체상태도 그에 따라 변화하여 그 대상을 향한 시각 · 청각 · 미각 · 촉각 · 후각 등의 감각이 예민해지기 때문에 조그만 자극에도 민감하게 반응하고, 그로 인해 다른 때보다 선명하고 정확한 지각이 가능해진다. 하지만 반대로 집중이 되지 않으면, 분명히 보았거나 들었음에도 불구하고 그 감각이 두뇌에 정확히 입력되지 않아서 기억나지 않는다. 따라서 이러한 점을 반대로 응용, 오감을 개발하여 정보의 인식을 빠르고 정확하게 처리할 수 있도록 훈련하면, 지금 처리해야 할 대상에 대해 더욱 강한 집중력을 유지할 수 있도록 도와줄 것이다.

신체기관의 움직임을 통해 집중력을 조절하는 방법을 몸에 익히기 위해서는 평소에도 그런 행동을 자연스럽게 반복하여 습관화시키는 것이 중요하다. 그냥 이론적으로 알고 지나가는 것은 꼭 필요할 때 바로 행동으로 나오지 않기 때문이다. 지각활동을 원하는 대로 조절할 수 있다면 그만큼 집중력을 제어할 수 있는 힘이 커지는 만큼, 꾸준히 규칙적인 오감훈련을 해보자. 자신도 모르는 사이에 엄청나게 향상되어 있는 자신의 집중력을 확인할 수 있을 것이다.

1) 시각훈련

A. 응시훈련

응시기법은 특정한 물체를 응시하면서 집중하는 기법이다. 예를 들어 창밖으로 보이는 버스 정류장도 좋고 방 한구석의 오디오도 좋다. 선택한 대상에 계속해서 마음을 향하면 돋보기가 태양빛을 모아 강력한 에너지를 만들어내듯 정신력이 하나로 모이고 의식이 작용하는 범위도 좁아져서 한 대상에 꾸준한 집중이 가능해질 것이다.

따라서 집중이 잘 되지 않고 주의가 산만해져 더이상 공부에 전념할 수 없을 때는, 언제든지 자신이 선정한 임의의 대상을 오랫동안 응시하는 기법을 통해 분산되었던 정신을 모으고 집중하기 쉬운 상태로 만들어보자.

상세한 방법은 다음과 같다.

- 심호흡을 하면서 온몸의 힘을 뺀 뒤 가벼운 마음으로 정면의 특정물체를 바라보자. 그리고 그 물체에 있는 어느 한 지점에 눈을 고정시키고 계속 그 점을 응시해

보자.

- 심호흡을 계속하면서 그 점을 계속 바라보자. 눈에 힘을 빼고 가벼운 마음으로 응시하면, 시간이 흐를수록 차츰 눈이 따가워져서 자신도 모르게 깜빡이게 될 것이다. 그렇게 눈에서 눈물이 나기 직전까지 계속 응시하다가, 더이상 눈을 뜨고 있기 힘들게 됐을 때 눈을 감아도 좋다.

- 천천히 그리고 크게 심호흡을 하면서 더욱 편안해짐을 느껴보자. 눈을 감고 있기 때문에 눈을 뜨고 있을 때보다 온몸과 마음이 더욱 이완되고 편안해질 것이다.

- 잠시 후 눈을 뜨고 크게 기지개를 켜면 온몸이 가벼워지고 개운해지는 것을 느끼게 될 것이다.

B. 시각화 기법

이 훈련은 단지 응시하는 것만이 아니라 응시한 물건을 정확하게 회상해냄으로써 한층 집중력을 기를 수 있는 상위기법이다. 응시훈련과 비슷하기는 하지만 두뇌의 능력까지 활용한다는 점에서 보다 효과적이다. 하지만 응시훈련도 잘 되지 않는 상황에서 회상까지 하려 하는 것은 훈련의 효과를 반감시킬 수 있으므로, 응시훈련이 익숙해진 연후에 진행토록 하자.

방법은 다음과 같다.

지금 자신이 앉아 있는 자리에서 주변에 있는 만년필, 지우개 등 작은 물건 중 하나를 선택한다. 그것을 위의 응시기법과 같이 응시하고 난 뒤에는 눈을 감고 그때까지 보았던 것을 머릿속에 그려보라. 이때 단지 형태만을 재현하는 것이 아니라 그 것이 만년필이라면 색, 길이, 장식이나 모양, 실제로 사용하고 있을 때의 모습까지 머릿속에 그려보자. 만년필이 끝나고 나면 다음에는 다른 물건의 색상, 재질 등 사물의 세세한 특징들을 다시 떠올리는 훈련을 반복한다.

이 집중력 훈련법은 장소와 시간에 제약이 없기 때문에 어디서나 간단하게 할 수 있다. 이 훈련을 짧은 시간이라도 좋으니 매일 의무적으로 하다보면 집중력이 점점 높아질 것이다.

C. 눈동자 굴리기

말 그대로 눈을 무한대(∞) 모양으로 크게 돌려주기만 하면 된다. 눈동자가 좌측으로 움직일 때는 좌뇌가, 우측으로 움직일 때는 우뇌가 활성화되므로 이 훈련을 통해 좌뇌와 우뇌의 균형을 유지할 수 있을 것이다. 지금까지 누차 강조해온 것처럼, 좌뇌와 우뇌의 균형은 결과적으로 전반적인 학습능률 향상을 가져올 것이다.

훈련이 진행됨에 따라 조금씩 속도가 붙고 자연스러워지며, 3분 여의 훈련으로 잡념이 사라지게 만들고 마음을 안정시키기에, 학습 전에 이 상태를 먼저 만든 후 학습을 하면 집중력 유지에 도움이 될 것이다.

2) 촉각훈련

신체의 에너지가 흐르는 열두 군데의 주요 자리에 자극을 줌으로써 여러분이 걱정하는 집중력 문제도 간단히 해소될 수 있다. 최적의 학습

상태로 이끌어줄 에너지 흐름을 만들기 위해 상체부위에 존재하는 일곱 개의 자리와 손에 있는 다섯 개의 자리를 자연스럽게 숙지해보도록 하라.

각각의 자리는 미간, 눈꼬리, 눈 밑, 코 밑, 입술 밑, 쇄골 끝, 겨드랑이, 엄지손톱 옆, 검지손톱 옆, 중지손톱 옆, 새끼손톱 옆, 손날에 위치하고 있으므로 이 자리를 가볍게 터치하여 자극을 주면 된다. 자극을 주는 도구는 검지와 중지를 모은 두 개의 손가락이므로 정확한 자리를 찾지 않아도 충분한 자극이 가능하다.

구체적인 방법은 다음과 같다.

일단 어떤 이유에서건 집중이 잘 안 된다고 느껴질 때는 지금 상태가 어느 정도로 심각한지 수치로 표시해봐야 한다. 왜냐하면 이 수치의 변화 정도가 촉각훈련이 끝난 후 얼마나 자신이 변화하였는지를 확인할 수 있는 주된 수단이 되어주기 때문이다.

집중이 너무나 잘 되는 상태의 수치를 0으로 놓고 집중이 잘 되지 않아서 아무것도 못 할 것 같은 상태를 10으로 놨을 때, 지금의 상태는 어느 정도인지 숫자로 나타내보자.

수치가 정해졌다면 수치를 기억한 채 다음과 같은 순서로 자극을 가해보자.

①문제를 생각하며, 일단 검지와 중지를 모아 손날 자리를 7회 이상 가볍게 터치한다. 이때 자신의 귀에 들릴 정도로 다음과 같이 자기 수용문장을 말하면 효과가 크다. "나는 지금 집중이 안 되지만, 나는 이런 내 자신을 받아들입니다." 이렇게 맨 처음 손날 부위에 자극을 줄 때에는 자신의 현재 상태를 인정하고 받아들이는 자기 수용문장을 말하고, 그 다음부터는 자신이 원하는 바를 간단한 단어로 말하며 터치해 내려가면 된다.

②두 손가락으로 미간 자리를 7회 이상 터치하면서 위의 문제를 한두 단어로 요약하여 자신의 귀에 들릴 정도로 말하라. "집중력 부족".

③눈꼬리 자리를 2번 과정과 같이 터치.

④눈 밑 자리를 2번 과정과 같이 터치.

⑤코 밑 자리를 2번 과정과 같이 터치.

⑥입술 밑 자리를 2번 과정과 같이 터치.

⑦쇄골 자리를 2번 과정과 같이 터치.

⑧겨드랑이 자리를 2번 과정과 같이 터치.

⑨엄지손톱 자리를 2번 과정과 같이 터치.

⑩검지손톱 자리를 2번 과정과 같이 터치.

⑪중지손톱 자리를 2번 과정과 같이 터치.

⑫새끼손톱 자리를 2번 과정과 같이 터치.

⑬손날 자리를 2번 과정과 같이 터치.

이렇게 손날에서 시작하여 손날에서 끝나는 열두 개의 버튼을 7회씩 간단하게 터치하고 나면, 여러분의 집중력은 자신이 의식하지 못하는 사이에 두뇌가 스스로 향상시켜 놓을 것이다. 집중력을 저하시킨 원인이 간단한 문제였을 경우는 즉시 문제가 해결되고, 조금 복잡한 문제의 경우에도 시간이 갈수록 문제의 강도는 약화될 것이다.

3) 청각훈련

인터넷 강의나 소리가 지원되는 전자책을 2배속 이상으로 듣고 기억하는 속청방법을 통해 집중력이 크게 향상될 수 있다. 영어 듣기평가를 하듯이 내용을 정확하게 회상할 수 있어야 하므로 딴생각을 할 틈도 없이 빠른 소리에 집중하는 능력이 향상된다.

실제로 양전자 단층촬영을 해 보았을 때, 일반속도가 아닌 빠른 속도로 들을 때 두뇌가 활성화됨을 확인할 수 있었다. 뿐만 아니라, 활성화된 두뇌 부위도 단순히 청각 중추에만 국한된 것이 아니라 기억담당 중추와 해석인지 부분에서 동시에 반응한 것을 알 수 있었다.

속청훈련의 방법은 간단하다.

처음에는 하루 30분 정도 2배속의 속도로 한 문장씩 끊어서 듣고, 들으면서 마음속으로 지금 들은 내용을 따라 반복하면 된다. 2배속의 속도도 빠르다는 느낌이 있겠지만, 두뇌가 그 속도에 맞춰 따라오게 되므로 점차 익숙해지고 정확해질 것이다.

이때 속청을 하면서 들리는 내용들을 머릿속에 이미지로 떠올리기 위해 노력하면 내용의 흐름을 잡고 기억해내는 데 도움을 줄 것이다.

일주일여의 훈련으로 2배속의 속도로 듣고도 내용을 정확하게 회상할 수 있게 된다면, 점차 속도를 올려 3배속의 속도로 들으면서 집중력을 향상시켜보자. 속도가 빨라짐에 따라 그만큼 평소의 소리를 파악하고 이해하는 능력은 향상될 것이다.

마지막으로 4배속 이상으로 들을 때는 녹음된 내용이 적혀 있는 글자책들을 같이 보면서 하는 것이 좋다. 청각자극만으로 구성된 정보는 4배속 이상에서는 효과적인 내용전달이 힘들어지기 때문이다.

평소 집중해서 책을 읽을 일이 많지 않은 사람들의 경우에는 이 훈련을 통해 두뇌가 활성화되어 내용을 빠르게 이해하고 핵심을 파악하는 능력이 향상될 것이다.

영어자료를 활용하여 속청을 하는 것도 좋다. 속청 자체가 언어능력을 좌우하는 두뇌의 베르니케 중추를 활성화시키기 때문에 속청상태에서 외국어를 익히는 것이 효과적이라는 말이다. 또한 영어학원이나 교재에서 들을 수 있는 영어의 속도는 영어에 익숙하지 않은 한국 사람들에 맞춘 터라 실제로 외국인들이 말하는 속도보다 느린 경우가 많아 실제 외국인들이 하는 말을 제대로 이해하지 못할 때가 많다. 하지만 속청을 통해 빠른 소리로 듣는 연습을 하게 되면, 영어문장의 악센트와 연음 등을 더욱 명확하게 파악할 수 있고, 집중해서 듣는 과정에 이해도 더욱 잘될 것이다.

속청을 효과적으로 하기 위해서는 아침시간을 활용하는 것이 좋다. 아침에 속청으로 활성화된 두뇌는 그날 하루 내내 두뇌를 사용하는 모든 일에서 효과를 발휘하기 때문이다. 속청에는 정신에너지가 많이 필요하므로 머리가 가장 맑을 때 훈련하는 것이 머리가 복잡한 저녁에 훈련하는 것에 비해 몇 배의 효과가 있다.

효과를 극대화하고 싶다면 자신이 평소 두뇌 속에 남겨두고 싶은 이야기들을 모아 쿨에디터나 보이스텍스트와 같은 컴퓨터 프로그램을 통해 직접 속청파일을 만들어보자. 반복해서 듣는 과정에서 자기암시처럼 무의식에 입력될 것이다.

4) 미각훈련

두뇌의 평균무게는 1,350g으로 전체 몸무게의 1~2% 정도를 차지한다. 그러나 뇌가 사용하는 에너지량은 음식물 섭취와 호흡을 통해 얻는 에너지 가운데 25~30%에 달한다. 손에 쥘 수 있을 만큼 작은 두뇌지만 제대로 작동하기 위해서는 엄청난 양의 에너지를 소비해야 한다는 뜻이다. 따라서 음식을 통해 섭취한 에너지가 부족하면 뇌는 제 기능을 수행할 수 없다.

실제로 식사효과에 대한 한 조사에 따르면 식사를 한 학생의 경우 수학과 논리학 문제를 풀 때에 실수가 적었던 반면, 결식한 학생의 경우 학습 도중 흥미를 잃는 경우가 많았음을 확인할 수 있었다.

그러나 에너지를 보충한다는 이유로 아무거나 먹는 것은 집중력에 악영향을 끼칠 수 있다. 햄버거나 피자, 탄산음료 같은 각종 인공 첨가물을 넣은 정크푸드나 인스턴트 음식은 집중력을 저해하는 직접적인 요인으로 작용하기도 한다.

음식이 집중력에 미치는 영향을 연구해온 닐 워드 교수는 '이러한 정크푸트의 제조과정에서 흔히 사용되는 인공착색료인 타트라진tartrazine 이 아이들을 난폭하게 만든다' 는 연구결과를 발표하며, 이러한 음식을 자주 먹는 아이들이 매우 공격적이고 폭력적으로 변하는 사례를 보여주기도 했다.

따라서 인스턴트 음식이나 정크푸드 대신에 두뇌에 꼭 필요한 영양소만을 섭취해 집중력과 관련된 두뇌의 전두엽 부위의 뇌파를 증대시킬 수 있다. 마치 음식을 통해 집중력을 향상시키는 훈련을 하는 것처럼 주의해서 음식섭취를 하는 것이 바람직하다.

평소에 뇌 신경세포에 에너지를 공급하는 탄수화물쌀밥, 빵, 전분류을 충분히 섭취해야 하며, 뇌세포를 구성하는 주성분인 단백질의 보충을 위해서는 계란, 생선, 육류 보충을 충분히 해주어야 한다. 이외에 기억력 향상에 도움을 주는 비타민E가 함유된 견과류호두, 잣, 아몬드, 땅콩, 참깨와 DHA가 함유된 어류참치, 고등어, 송어, 연어를 자주 섭취하는 것이 좋다.

주된 식사 이외의 간식으로는 우유나 녹차, 대추차가 집중력을 높이는 데에 도움이 된다. 녹차에 들어 있는 카테킨은 집중력 향상에 효과가 있으며, 각종 비타민과 미네랄, 칼슘 등 수험생에게 꼭 필요한 영양소가 함유되어 있기 때문이다. 또한 대추차의 단맛은 긴장을 풀어주고 집중력을 향상시킨다. 그리고 신경 안정 작용이 있기 때문에 예민한 수험생은 대추차를 통해 정신적 안정감을 느낄 수 있을 것이다.

마지막으로 음식을 통한 집중력 향상 훈련에서 반드시 주의해야 할 점을 짚고 넘어가자면, 식사는 부족하게 하는 것이 좋다는 점을 간과해서는 안 된다. 과식은 산소가 많은 신선한 피를 두뇌로 보내지 않고 위장으로 보내서 뇌 혈류량을 저하시키기 때문이다. 따라서 배부르다는 느낌이 오기 전 80%에서 멈추고, 배부르게 먹기보다는 고른 영양 섭취를 해야 하며, 식사 후 30분 정도는 휴식을 취하는 것이 집중력을 회복하는 데 도움이 된다.

5) 후각훈련

우리는 어떤 소리를 정확하게 듣고자 할 때 무의식적으로 눈을 감고 귀를 기울인다. 모든 신경을 청각에 모으기 위해 시각을 최대한 억제하는 것인데, 이렇게 하나의 감각을 향상시키기 위해 다른 감각을 제어하는 것은 좋은 훈련 방법이니다.

눈과 귀를 손으로 막고 냄새에만 집중해보자. 다른 감각을 최대한 억제한 채 오직 냄새에만 집중할 수 있는 느낌이 몸에 익으면 그러한 집중을 계속 유지할 수 있는 느낌을 공부에도 접목시킬 수 있을 것이다.

후각훈련은 개별적인 감각을 구분해서 제대로 인식하는 과정으로 진행하면 된다.

A. 한 가지 냄새에 집중해보자.

어떤 특정 대상의 음식을 선택하여 눈을 감고 음식을 담아놓은 그릇에 코를 가까이 가져다 댄 후, 의식적으로 음식의 향기를 맡아보자. 이 향기는 과거에 맡았던 어떤 향과 비슷한지, 어느 정도의 강렬함이 있는지를 제대로 느껴보자.

B. 여러 냄새를 하나하나 분리하여 맡아보자.

냉장고를 열었을 때 풍기는 온갖 냄새에 집중해보자. 온갖 뒤섞인 냄새들 사이사이에 자신이 구분할 수 있는 냄새를 찾아본다. 냄새가 익숙해져서 구별이 되지 않으면, 집 안을 돌아다니면서 온갖 냄새에 집중해보자. 부엌에서는 어떤 냄새가 나고, 방에서는 어떤 냄새가 나고, 욕실에서는 어떤 냄새가 나는지를 집중해보면 된다.

C. 그 느낌을 언어로 표현해보자.

음식을 먹으면서 평소보다 주의 깊게 천천히 향을 느껴보자. 그리고 그 향에서 느껴지는 느낌을 언어로 표현해보자.

그저 느끼고 끝내는 것이 아니라 느낌을 언어로 표현하는 과정에서 더욱 그 느낌에 집중할 수 있게 될 것이다. 더 나아가 향을 느끼는 우뇌와 언어로 표현하는 좌뇌가 함께 활동함으로 인해 두뇌가 활성화될 수 있는 효과를 거둘 수도 있다. 좀더 섬세한 느낌을 표현할 수 있도록 최대한의 어휘를 구사해보자.

연아's *Episode*

"몸이나 마음이 편안해야 집중이 잘 되는 거 알지?"

"그럼 당연하지. 뭔가 불편한 상태에서는 집중이 전혀 안 되더라고."

"그럴 때 너는 어떻게 하는데?"

"뭐 방법이 없지. 잠깐 쉬거나 딴생각을 하는 수밖에……."

세현이는 연아에게 몸과 마음을 편안히 할 수 있는 이완기법을 알려주어야겠다고 생각했다. 자신도 가끔 마음이 불안하거나 답답할 때 이러한 이완기법으로 마음을 다스려왔기 때문에 연아가 이 방법을 몸에 익힌다면 공부하는 데에 많은 도움이 되리라 믿었다.

그녀가 자주 사용하는 이완기법은 매우 간단하면서도 강력한 효과를 가져다주었다. 물론 다른 기법들과 병행할 때 그 효과가 훨씬 커지긴 하지만 이 이완기법만 실행하더라도 공부에 필요한 에너지를 얻는 것 정도는 어렵지 않았다.

그녀는 연아가 이 방법을 습관화하길 기대하며 이완기법에 대해 설명해주었다.

7단계:이완훈련
편안함 유도하기

긴장이나 이완상태는 그 상황이 어떤가에 따라 집중력에 많은 영향을 끼치므로 적절히 조절해야 한다. 고민과 불안 등으로 정신적인 긴장상태에 놓여 있을 때에는 자신의 능력을 최대한으로 끌어올릴 수 없는 것이 당연할 것이다. 이런 긴장상태에서는 뇌파가 베타(β)파 상태가 되고 이완 상태일 때에는 알파(α)파의 상태가 된다. 뇌파가 알파파 상태에 놓였을 때 마음이 평화롭고 학습효과가 올라가며 기억도 잘된다. 그러므로 공부를 할 때는 이 상태를 유지할 수 있도록 해야 하는데, 가장 빠르고 확실한 방법은 바로 심호흡을 통한 이완훈련이다.

1) 호흡훈련

호흡은 우리의 심리상태를 가장 잘 나타내주는 신체적 신호의 한 가지일 뿐만 아니라 호흡을 통해 심리상태를 조절할 수 있는 좋은 방법이기도 하다. 우리 몸의 자율신경계통에는 불안, 공포, 긴장이나 스트레스 반응 시 작동하는 교감 신경계와 이완과 편안한 상태에서 작동하는 부교감 신경계가 있는데, 교감 신경계가 작동할 때는 호흡이 짧아지며 부교감 신경계가 작동할 때에는 호흡이 길어진다는 특징이 있다. 따라서 긴장이나 불안을 느낄 때 의도적으로 부교감 신경계의 기능에 해당하는 심호흡을 한다면 교감 신경계의 작용과 관련 있는 긴장이나 불안에서 빨리 벗어날 수 있을 것이다.

심호흡을 하는 방법은 간단하다. 명상이나 호흡 관련 수련에는 다양하고 복잡한 호흡법이 존재하지만, 여기서 말하는 심호흡은 아랫배까지 숨을 깊게 들이마셨다가 내쉬는 식의 간단한 심호흡으로도 효과를 볼 수 있다.

그러나 만약 이 정도의 심호흡에 만족되지 않는다면, 호흡 자체의 길이나 강도를 조절하기보다는 심호흡과 함께 기지개를 켜는 것이 도움될 것이다. 의자에 앉은 채 평소처럼 팔만 대충 올리기보다는 온몸을 이용하여 동작을 크게 해서 기지개를 펴보자는 말이다. 약간 아프다고 느낄 정도로 몸을 크게 움직이면 움직일수록 두뇌가 한층 활성화되어 집중이 잘될 것이다.

2) 단계적 신체이완기법

단계적 신체이완기법이란 문자 그대로 머리끝에서 발끝까지의 각 신체부위를 단계적으로 이완시키는 기법을 말한다. 이 기법을 통해 긴장된 상태에서 벗어나고 몸뿐만 아니라 마음의 이완을 촉진하고 집중력을 높일 수 있다.

구체적인 방법은 다음과 같다.

눈을 감고 천천히 심호흡을 한다. 3회 정도의 심호흡이 끝난 뒤, 가볍게 숨을 들이 마시고 천천히 내쉬면서, 머리끝에 의식의 초점을 두어보자. 그리고 다음의 순서 대로 차례차례 힘을 빼보자.

머리끝 → 이마 → 눈꺼풀 → 눈동자 → 두뺨 → 입술 → 혀 → 목구멍 → 치아 → 턱 → 목 → 어깨 → 두팔 → 두 팔꿈치 → 두 손목 → 두 손바닥 → 열 개 의 손가락

상체의 힘이 빠졌다면 이제 다시 가슴부터 발가락까지 다음의 순서대로 힘을 빼 보자.

가슴 → 배 → 아랫배 → 등 → 허리 → 엉덩이 → 허벅지 → 두 무릎 → 두 종 아리 → 두 발목 → 두 발바닥 → 열 개의 발가락

머리끝에서 손끝, 발끝까지 온몸의 힘이 빠졌다면 그 이완된 상태에서 몸과 마음 이 편안해진 것을 느껴본다.

세현이는 이완훈련과 병행할 수 있는 상상기법도 가르쳐주었다.

몸과 마음이 편안해진 상태에서 강렬하게 상상하는 것은 그냥 이완만 하는 것보다 훨씬 커다란 효과를 가져다준다는 것을 평소의 경험으로 알고 있던 터라, 그녀는 연아가 자신이 느낀 바와 같은 감흥을 느끼기를 기대했다.

그런 세현이의 바람을 알아챘는지 이번 훈련은 연아가 아무 말도 없이 잘 따라주는 것 같았다. 상상기법이 진행되면서 연아의 얼굴표정은 때론 밝아졌다가 때론 어두워지기도 하는 등 변화가 조금씩 관찰되었다. 이러한 감정의 변화는 상상을 제대로 했을 때 나타나는 것이기에, 세현이는 더 신이 나서 연아의 변화를 최대한 이끌어내기 위해 노력했다.

"왠지, 뭐든지 다 잘 해낼 수 있을 듯한 느낌이 들어."
연아의 자신감에 가득 찬 말을 듣는 세현이의 마음속에서 동생의 변화를 이끌어냈다는 생각에 뿌듯해졌다.

136

8단계:상상훈련
집중상태 만들기

스스로에게 자신감을 가질 때 집중력이 향상된다.
막연한 불안과 걱정에 동요되지 않고 자신감을 높여
집중력을 유지시킬 수 있는 방법은 자신의 마음속에
긍정적인 이미지를 심는 것 하나로도 가능하다. 긍
정적인 이미지를 통해 기분이 좋아지면 두뇌에서는 도파민이 생성되면
서 점점 더 기분이 좋아지는 선순환이 시작되기 때문이다.

불안한 마음이 자연스레 사라지도록 그저 기다리기만 하는 것은 아
무런 도움이 되지 않을 것이다. 아래와 같은 방법으로 기분이 좋아질
수 있도록 적극적으로 노력해보자.

1) 선호대상 상상기법

A. 선호장소 상상

• 평소에 가보고 싶은 장소를 떠올려보자. 정말로 가기를 원하고, 가

면 마음이 편해지고 기분 좋고 행복함을 느낄 수 있는 곳이라면 어디라도 좋다. 평소 가장 좋아하는 곳이나 가장 마음 편하게 가볼 만한 곳을 떠올려보자. 그리고 그 장소에 머물러 있는 자신을 느껴보자. 그곳에 머무르는 동안 주변에 무엇이 있는지, 주변 풍경들은 어떠한지, 무슨 소리가 들리는지, 무슨 냄새가 나고 어떻게 생겼으며 색깔은 어떠한지 그 기분을 느껴보자.

B. 선호인물 상상

• 이번에는 좋아하는 인물을 떠올리고 생각해보자. 진정으로 사랑하는 사람이라면 누구라도 좋다. 그의 얼굴을 떠올려본 후, 그 사람과 마주 서서 그 얼굴을 바라보자. 그의 손을 잡고 그 촉감을 느낀다면 그 느낌은 어떨지, 그리고 목소리는 어떤지를 느껴보자. 그 사람과 함께하는 소중하고 행복한 느낌을 충분히 경험하라.

2) 미래상상 기법

미래에 대한 두려움과 자기불신 때문에 자신이 없고 체념하고 싶은 기분이 들 때는 새로운 도전과제를 상상을 통해 미리 체험함으로써 자신이 성공한 뒤의 모습을 그려보면 좋다.

상상력을 동원해 주어진 과제와 그 결과를 기대하는 사람들, 그리고 과제를 완수하기 위해 취하는 자신의 행동을 생생하게 그려보자. 말하자면 머릿속에서 자신이 주인공이 되어 영화를 찍는 것이다.

이때 주의할 사항은 어려움이 예상되는 상황을 가능한 한 상세하게 떠올려봐야 한다는 것이다. 모든 걸 실제상황이라 여기고 처음부터 끝까지 빠짐없이 상상하면서 최악의 사태와 위기상황에 대처할 수 있도록 해보자. 이러한 상상에 빠져서는 안 될 중요한 요소는 어려움을 이겨냈다는 것을 증명해줄 세부적인 증거물들을 구체화시키는 것이다. 따라서 성적표나 수료증, 여러 사람들 앞에서 칭찬하는 선생님의 말씀 같은 구체적 요소들을 상상 속에 꼭 집어넣어야 한다.

상황예시

시험상황에 대처해보자.

- 이 시험을 잘 치르기 위해 나는 어떤 과정을 수행했는가?

....

- 시험을 보는 장소는 어디인가? 공간은 얼마나 크고, 실내공간 배치는 어떻게 되어 있는가?

....

- 시험에는 어떤 문제가 나왔는가?

....

- 혹시 모르는 문제가 나왔을 때, 그것을 어떻게 해결했는가?

....

- 시험을 잘 치렀다면 그 잘 치렀다는 증거물은 어떤 것인지 확인할 수 있는가?

....

- 시험장에 들어가는 순간부터 나오는 순간까지를 시간순으로 구체적으로 적

어보자.

....

....

....

3) 앵커링 기법

앵커링이란 특정한 신체적 동작이나 신호로써 과거 기억에 바탕을 둔 긍정적인 심리상태를 이끌어내는 방법이다. 이 방법은 자신감을 증진시키는 일뿐만 아니라 집중력을 높이는 데 도움이 된다.

이 앵커링 기법을 익히기 위해 가장 먼저 해야 할 일은 자신에게 맞는 동작이나 신호를 하나씩 만들어보는 것이다. 이때 꼭 동작이 아니라 소리를 신호로 삼아도 좋다. 마치 영화감독이 '레디, 액션' 소리를 내면 배우들이 집중해서 연기를 시작하는 것처럼, 특정 소리가 자극이 되어 의욕을 불러일으킬 수 있기 때문이다.

앵커링을 설정하는 두 번째 과정은 과거의 긍정적인 기억을 떠올려보는 것이다. 아래의 예들을 보면서 자신의 과거를 회상하여 기억에 남는 부분을 적어보자.

- 상을 받거나 칭찬을 받았을 때 ....
- 신났거나 즐거웠던 때 ....
- 행복했던 때 ....

140

- 자신감과 뿌듯함을 느꼈던 때 ....

- 타인으로부터 인정을 받아 기분이 좋았던 때 ....

- 다른 사람으로부터 사랑을 받거나 다른 사람을 사랑함으로써 좋았던 때

  ....

- 내가 최고라는 느낌이 들었을 때 ....

이상과 같은 기억들을 작성하였다면 이 기억들 중에서 특별히 강한
기억으로 자리 잡고 있는 세 가지를 선택하라. 이제 세 가지 기억들 각
각에 대해서 아래와 같은 방법으로 그때의 일을 생각하고 느껴보도록
하라.

- 그때의 상황을 시각적 차원에서 본다면 어떤 모습으로 보이는가?

- 색깔이 있다면 어떤 색깔인가?

- 그 상황에서 어떤 표정을 짓고 있었는가?

- 그 상황에서 말을 했다면 어떤 목소리로 어떤 말을 했는가?

- 그 상황에서 느꼈던 기분이나 감정은 어떠했는가?

- 특정한 기분이나 감정을 느꼈을 때 몸에서의 반응은 어떠했는가? 예를 들어,
  가슴이 두근거리거나 몸에 열이 나거나 힘이 가해지는 것과 같은 반응을 느
  꼈는가?

이상과 같은 물음에 대한 답을 하는 동안에 상상으로 충분히 느끼고
경험하도록 하라. 그리고 그러한 기억이 너무나 생생하게 상상이 되고

그 느낌이 최고조로 느껴질 때 심호흡을 길게 하면서 미리 정해진 행동을 해보자. 그리고 잠시 후에 다시 생생하게 상상한 뒤, 위와 같은 행동을 반복해보자.

그래서 세 가지 기억에 대해서 같은 요령으로 주먹쥐기나 소리치기를 하였다면 그것으로 앵커링의 설정은 마무리된다. 즉 그렇게 함으로써 선정된 과거의 세 가지 기억과 그때 경험했던 긍정적 느낌이 잠재의식에 입력될 것이다.

후에라도 동일한 주먹쥐기나 소리를 치는 행동을 하면 입력된 잠재의식의 기억이나 느낌이 살아난다. 물론 그러한 앵커링을 보다 강화하기 위해서는 앵커링 설정이 마무리된 후에라도 동일한 내용을 같은 방법으로 여러 번 반복 실시하는 것이 좋다 .그렇게 함으로써 보다 확실하고 강력하게 앵커링을 설정할 수 있게 될 것이다.

앵커링 설정이 확실하게 마무리되면 이제는 활용하는 일만 남았다.

앵커링 기법을 활용한다는 것은 공부를 할 때나 시험을 칠 때 앞에서 취했던 행동을 하면서 긍정적 정서를 느끼는 것을 말한다. 즉, 심호흡을 하면서 주먹을 불끈 쥐거나 소리를 치면 긍정적인 정서가 느껴지고 집중력이 생긴다. 활용하면 할수록 앵커링은 더욱 강하게 작용할 수 있기에 자주 활용하는 게 좋다.

연아's *Episode*

"상상은 정말 자유롭게 네가 원하는 대로 할 수 있잖아? 논리적인 것에는 신경 쓰지 말고 맘껏 응용해봐."

세현이는 연아에게 상상력을 이용한 여러 응용기법들을 알려주는 게 좋겠다고 생각했다. 물론 마음대로 상상해도 긍정적인 방향이기만 하다면 큰 상관은 없지만, 보다 효과적으로 상상력을 사용할 수 있는 방법을 안다면 큰 도움이 되리라는 판단을 했기 때문이다.

그녀는 자신이 자주 사용하는 축소기법에 대해 설명했다.

"네가 잊어버리고 싶은 화났던 기억이나 실수한 경험들이 있다면, 그걸 상상 속에서 축소해봐. 네 마음이나 기분이 완전히 달라질 거야."

세현이는 연아가 직접 그 느낌을 느낄 수 있도록 하기 위해 작업을 시작했다.

9단계:마인드 컨트롤
마음속 정리하기

개인적인 고민거리는 집중을 가로막는 걸림돌이 된
다. 걸림돌을 제거하려면 고민거리를 긍정적으로 해
결하거나 상상 속에서 작고 하찮게 만들어야 한다.
마음속에 거대한 바위처럼 길을 가로막고 있는 문젯
거리를 시각화를 통해 축소시켜 작은 돌멩이로 변화시켜야 한다는 것
이다.

이때 효과적인 방법이 시각화이다. 시각화를 통해 자신을 짓누르고
있는 거대한 고민거리를 하나의 이미지로 형상화한 다음 더이상 문제
가 안 될 정도로 작고 하찮게 만들어버리면 걸림돌도 사라진다.

'겨우 상상으로 시각화한다고 걸림돌이 제거될 수 있다는 말인가요?
상상만으로는 아무것도 변하지 않을 거예요.'

대부분의 사람들은 이런 생각을 할 것이 분명하지만, 이러한 '축소전

144

략 이 고민거리에서 벗어나는 데 얼마나 효과적인지는 한 번만 해봐도 금방 알게 될 것이다.

이제부터 해야 할 공부나 숙제가 커다란 부담으로 작용하면 문제의 크기를 상상 속에서 축소시킨 뒤, 마음속에서 분리시켜 보도록 하자.

예를 들어 선생님과의 갈등으로 도저히 공부에 집중이 안 되는 상황이라거나, 지난 시험성적이 너무 안 좋아서 계속 그 생각에 괴롭다거나, 부모님의 과도한 기대에 부응하지 못한 죄책감 때문에 집중을 유지하기 힘들다면, 그러한 상태로 만든 상황을 마음속에서 상상하여 보이는 크기나 들리는 소리를 작게 줄여 분리해버리는 것만으로도 문제라는 인식을 쉽게 사라지게 만들 수 있다.

그렇게 하기 위해 우선 해야 할 일은, 실제 벌어졌던 과거의 일들 중 기억에 생생히 남는 장면을 구체적으로 떠올려보는 것이다. 이때, 그러한 과거의 일들은 3차원의 입체적인 느낌으로 떠오를 것이다. 왜냐하면 자신에게 지속적인 영향을 주는 과거의 특정 사건들은, 마치 조금전 겪었던 일들처럼 마치 지금도 눈앞에서 벌어지고 있는 양 느껴질 것이기 때문이다.

이렇게 과거의 좋지 않았던 기억이 생생히 눈앞에 입체영상으로 떠오른다면, 그 기억으로 인해 현재의 자신이 영향을 받는 것은 당연하다. 그 영향을 없애기 위해서는 그 기억을 생생히 떠올리지 않도록 보는 관점만 달리해주면 된다. 간단히 말해서 과거의 아픈 기억을 일단 영화관에서 영화를 보듯 떨어져서 지켜보라는 의미이다.

호랑이가 갇혀 있는 우리 안에 들어가 있다면 너무나도 떨리고 불안하겠지만, 영화장면으로 바라보는 호랑이의 모습은 그다지 무섭지 않은 것처럼, 자신이 과거에 경험한 입체적인 영상을 마치 영화관에서 평면으로 바라보듯 지켜본다면 그 느낌은 상당히 순화되어 있을 것이다.

거기서 더 나아가, 평면적으로 관찰한 영상이 점차 앉은 자리를 뒤로 이동했을 때 멀어져가듯, 보이는 장면의 크기가 점차 줄어들도록 만들어보는 것이다. 그 크기가 마치 점처럼 작아질 때까지 점점 멀어지게 만든다면, 마음속 부정적인 느낌도 그에 따라 확실히 줄어들었다는 것을 알게 될 것이다.

그러나 마음속에 커다란 걸림돌로 남아 있는 생각들을 한순간에 이렇게 멀리 떨어뜨려 상상한다는 것이 오히려 부담으로 작용한다면, 상황을 이미지로 그려 순화시키는 것도 좋은 방법이다.

갈등이 있는 상황을 상상한 뒤 선생님을 강아지와 같은 귀여운 동물이나 자신이 아끼는 어떤 대상으로 덧씌워 본래의 장면에서 느껴지는 부정적인 느낌을 축소시키는 것이다. 어깨를 짓누르던 무거운 갈등의 짐이 가볍게 떨쳐질 것 같다는 느낌이 들 때까지 축소시키면 부정적인 마음에서 보다 쉽게 벗어날 수 있다.

지금 바로 문제를 상상 속에서 축소시켜보자. 실제 혹은 상상 속의 문제들을 의식적으로 축소시켜보면, 여러분의 마음은 집중에 최적화된 상태로 바뀔 것이다.

연아's *Episode*

세현이는 연아가 자신의 마음을 컨트롤하는 방법을 제대로 이해했을지 살짝 걱정이 되었다. 너무나 간단하게 효과를 볼 수 있는 방법들임에도 불구하고 습관화가 되어 있지 않으면 원하는 때에 자유자재로 사용하기엔 무리가 있을 것이기 때문이다.

이런 마음 때문이었을까? 세현이는 자신도 모르게 '잘 되어왔고, 앞으로도 그럴 거야'라는 말을 작게 웅얼거리고 있었다.

"언니! 뭐라고 하는 기야?"

연아는 언니가 혼잣말을 하는 이유를 모르겠다는 듯 멀뚱멀뚱 쳐다보고만 있었다.

"응? 조금 걱정되는 일이 있으면, 혼잣말하는 습관이 생겼거든. 왜 이상해 보여? 하지만 이게 의외로 효과가 되게 좋아. 너도 한번 해볼래?"

세현이는 혼잣말하는 것이 어떤 효과가 있는지, 왜 그런 효과가 나타나는지 등을 연아에게 설명해주며, 연아도 직접 한번 해보도록 유도했다.

10단계:셀프토킹
긍정적 마인드 만들기

생각은 노력에 의해 자신의 마음대로 조절할 수 있다. 자신의 생각을 긍정적인 방향으로 유도하는 것도 가능하고, 잡념 같은 흩어지는 생각들을 멈춰 세우는 것도 가능하다.

따라서 우리의 생각을 일정한 간격을 두고 반복적으로 하나의 목표를 향해 몰입할 수 있게 되면, 그 반복은 습관의 변화를 가져오고, 그에 따라 자신이 원하는 어떠한 성취라도 거둘 수 있게 될 것이다.

하지만 행동의 변화를 가져올 만한 힘은 한두 번의 의지만으로는 불가능하다. 주기적으로 긍정적인 생각을 주입해야만 마음속 가득 신념이 생겨난다.

이러한 결과를 만들어낼 수 있는 주기적이고 반복적인 사고과정에는 자기대화를 이용한 자기암시가 가장 효과적이다.

반복적인 자기대화는 좌뇌의 판단이나 평가기능을 뛰어넘어 우뇌의 잠재의식에 직접 입력되는 효과를 발휘한다. 즉 반복적 활용은 그 내용의 옳고 그름을 판단하는 좌뇌의 기능을 거치지 않은 채 곧바로 우뇌에서 자기대화의 내용에 해당하는 이미지를 그리게 되고, 잠재의식은 그것을 하나의 사실적인 것으로 받아들이면서 마음과 행동을 지배하는 효과를 보이는 것이다.

이 효과는 의외로 간단하면서도 효과적이어서 자신을 격려하거나 질책하는 자기대화는 행복과 불행을 좌우하는 중요수단이 되기도 한다. 따라서 자신이 바라는 무언가에 대해 미리 감사하는 자기대화를 하게 되면, 그러한 자기대화는 확언이 되어 무의식적으로 자신을 이끌어줄 것이다.

쉽게 말해, '잘하고 싶어!' 나 '잘했으면 좋겠어' 같은 식의 자기대화가 아닌, 당연히 잘되는 것을 가정한 '잘됐어' 나 '잘 되고 있어' 와 같은 확언을 자기대화 형태로 진행하면 자신의 말대로 미래가 만들어진다는 말이다. '잘하고 싶어!' 나 '잘했으면 좋겠어' 같은 식의 말은 지금 현재 잘하지 못하고 있다는 것을 전제로 둔 말이기에, '잘하고 싶다' 는 말을 반복할수록, 자신은 현재 잘하지 못하고 있다는 것을 계속 암시하는 것과 다름없게 되어버리므로 발전이 더디게 나타날 수 있다. 지금 자신이 잘하지 못하고 있다고 계속 반복해서 말하는데, 앞으로 쉽게 발전해 나갈 수 없는 것은 당연할 것이다.

반면에 자신이 원하는 미래가 미리 이루어진 것처럼 감사하는 의미의 대화를 하면, 그 말이 반복되는 과정에서 우뇌에 성공한 자신의 모습이 입력되므로 일을 성취하기 쉬워진다.

이렇듯 긍정적 자기대화는 자기격려의 형태로 많이 사용되고, 그러한 자기격려는 스스로에게 강한 자신감을 심어주기 때문에 치열한 경쟁 상태에 놓여 있는 학생들의 경우, 공부를 하는 데 강력한 무기가 될 수 있다. 따라서 항상 '나는 잘해왔고, 앞으로도 당연히 잘될 것이며, 그렇게 하도록 만들어주는 주변의 모든 것들에 감사한다'는 식의 자기대화를 해보라. 자신도 모르는 사이, 말한 대로 이루어진 자신의 모습을 만나보게 될 것이다.

- 나는 나의 모든 것을 사랑한다.
- 나는 지금도 충분한 능력을 가지고 있다.
- 나는 매사에 마음먹은 대로 잘 해왔다.
- 나는 집중을 잘한다. 나는 지금 이렇게 자기대화를 하는 동안에도 집중하고 있다.
- 나는 공부할 때도 집중력을 잘 발휘한다. 나는 집중력을 발휘하기 때문에 공부도 잘된다.
- 나의 집중력은 나날이 높아진다. 내가 집중하면 할수록 집중력은 더욱 높아져 간다.
- 나는 반드시 높은 집중력을 갖고 공부하기에 공부를 더 잘할 수 있을 것이다.
- 나의 집중력은 향상되었기 때문에 공부할 때 기억도 더 잘되고 오랫동안 기억할 수도 있다.

이상과 같은 자기대화의 내용은 고정된 것이 아니기에 필요하다면 언제라도 자기에게 적합한 내용으로 바꿀 수 있다. 하지만 일단 정해진 문장이라면 반복해서 사용되는 동안 잠재의식 속에 그 내용이 입력되기 때문에 특별한 경우를 제외하고는 바꾸지 않는 것이 좋다. 계속 반복해서 스스로에게 말하는 사이, 자신의 무의식에 어느 순간 입력되어 자연스러운 변화를 이끌어내기 때문이다. 단지 몇 번 해보고 나서 변화가 일어나지 않는다고 자주 그 내용을 바꾸면, 변화의 기회는 사라지고 말 것이다. 무의식적인 변화가 일어나기까지 오랜 시간을 동일한 내용으로 반복해서 대화해보라.

Chapter 4.

지금까지 알려준 것들을 꾸준히 훈련하면 점차 집중력 향상이
이루어질 것이다.

Focus on !

집중력 향상을
위한 팁!

연아's *Episode*

"지금까지 알려준 것들은 꾸준히 훈련하면 점차 좋아지는 집중력 향상 훈련이었고, 이번에는 잠깐 잠깐 그때의 상황에 맞게 요령껏 사용할 수 있는 팁들을 알려줄게."

그러나 이러한 세현이의 의욕적인 말에도 불구하고, 연아의 표정은 그다지 밝지 않았다. 연아의 마음속에는 지금까지의 훈련만으로도 소화해내기 벅차지 않을까 하는 염려가 있었기 때문이다. 이러한 표정의 변화를 재빨리 읽어낸 세현이는 자신의 말에 부가적인 설명을 붙여 연아의 걱정을 덜어주었다.

"앞으로 짚어볼 요령들은 훈련이라기보다는 그냥 알아두면 좋은 상식이라고 생각하면 돼. 꾸준히 훈련하면 더할 나위 없겠지만, 힘들다면 기본 훈련 위주로만 진행해도 돼."

하지만 이러한 부가적인 설명에도 불구하고 연아의 표정은 쉽게 밝아지지 않았기에 세현이의 마음도 조급해졌다.

"그래. 그럼 앞으로는 네가 궁금한 것 위주로 질문해봐. 언니가 가장 효과적인 방법을 알려줄 테니까."

세현이는 앞서 가르쳐준 훈련들만으로도 기본기를 충실히 닦을 수 있을 것이라는 생각이 들어 연아가 스스로 생각할 때 꼭 필요한 내용들을 위주로 정리를 해줘야겠다고 마음을 바꾸었다.

집중력 향상기법
숙지하기

집중력은 일상생활에서 습관처럼 활용되는 과정에 습득하는 경우도 많기 때문에, 집중력을 향상시키기 위해서는 평상시에 자연스럽게 사용될 수 있는 여러 팁들을 많이 알아두는 것이 장기적인 변화를 위해 도움될 것이다.

앞에서 제시한 집중력 향상 훈련은 단기간에 규칙적인 반복훈련으로 즉각적인 효과를 볼 수 있는 방법들이지만, 지금부터 제시할 집중력 향상 기법들은 일상생활에서 천천히, 자주 활용되어야 할 요령들이다. 따라서 언제든지 활용 가능하도록 꼼꼼하게 살펴보고, 자주 접목할 수 있도록 숙지해놓자.

연아's *Episode*

연아는 집중력이라는 말을 들으면 제일 먼저 떠오르는 한 기계의 효과가 궁금했다. 주변의 모든 친구들이 다들 하나씩은 그러한 기계를 들고 다니면서 귀에다 꽂고 공부하는 것을 많이 보아왔기에, 자신도 그 기계를 사야 할지 말아야 할지 고민하던 참이었다.

"나도 그 기계를 사야 할까봐. 그걸 사용 안 하니까 괜히 불안한 거 있지?"

세현이는 연아의 이러한 말에 안타까운 마음이 들었다. 물론 조금이라도 도움이 될까 하고 사고 싶은 마음이 드는 거야 당연하지만, 지금까지 자신이 말해줬던 여러 가지 집중훈련 방법만 제대로 따라해도 충분한 효과가 있을 텐데 아직까지도 미련을 버리지 못하고 있으니 어떻게든 연아를 긍정적인 방향으로 이끌어내고 싶었다.

세현이는 소리가 사람에게 어떠한 영향을 주는지 설명해주었다.

두뇌를 활성화시키는
음악을 들어라

 모든 소리는 고유의 진동수를 가지고 있다.

그 소리가 청각신경을 거쳐 대뇌로 입력될 때 우리의 두뇌는 그 소리의 진동수와 공명하는 뇌파 동조 현상이 나타난다. 이러한 원리를 바탕으로 집중력 향상에 도움이 되는 알파파를 임의의 자극을 통해 의도적으로 만들어 내는 것도 가능하다는 이론이다.

일반적으로 사용되는 알파파를 만들어내는 방법은 두 개의 톤에 의해 발생되는 주파수를 양쪽 귀에 들려줄 때 서로 차이가 벌어지는 상쇄주파수라는 것을 이용하는 것으로써 상쇄주파수의 크기나 종류를 달리해서 뇌파의 조절을 가능하게 만드는 것이다. 상쇄주파수는 주파수가 다른 두 개의 소리가 합쳐질 때 만들어지기 때문에, 스테레오 헤드폰을 통해 양쪽 귀에 다른 주파수의 소리를 전달하면 두뇌는 상쇄주파수를 정확히 파악하기 위해 활성화되면서 집중력을 높이는 뇌파가 만들어진다.

그렇다면 이 원리에 따라 학습에 효율을 주는 뇌파를 일상에서 간단히 만들어내는 방법엔 어떤 것이 있을까?

가장 간단하면서도 쉬운 방법은 클래식 음악 속에 숨어 있다. 클래식 음악에는 8,000~150,000hz의 고주파가 섞여 있어 입체 서라운드로 들려오는 여러 악기들의 협음은 학습에 효과적인 뇌파를 만들어내는 것이 가능하다. 따라서 이런 효과가 있는 클래식 음악을 스테레오로 청취한다면 학습능률을 향상시킬 수 있다.

그러나 사실 모든 음악이 집중력 향상에 도움이 되는 것은 아니다.

학습 집중력 유지를 위해서는 이완상태의 뇌파를 만들어내는 부드러움을 가지고 있어야 하며, 특히 일반적인 학습에 필요한 언어능력과 논리적 사고를 방해하지 않도록 가사가 있는 음악은 피해야 한다.

이러한 과점에서 본다면 과도하게 흥겨운 느낌을 준다거나 슬픔을 갖게 만드는 가요나 팝송 같은 대중음악은 학습 시 배경음악으로는 적절치 않으며, 더 나아가 자신도 모르게 그 가사를 파악하려는 무의식적 작용에 의해 학습내용 파악까지도 어려워질 수 있으므로 피하는 것이 바람직하다.

그렇다면 위의 조건들을 만족시킬 수 있는 음악에는 무엇이 있을까?

다음에 제시된 클래식 음악을 특별히 주의를 기울이지 않으면 의식하지 못할 정도의 배경음으로 만들어 틀어놓고 학습한다면 자신도 모르게 달라진 결과를 확인할 수 있을 것이다.

- 헨델 / 수상음악
- 베토벤 / 에그몬트 서곡
- 바흐 / 브란덴 부르크 협주곡
- 바흐 / 토카타 D장조
- 비제 / 카르멘 '투우사의 아리아'
- 무소르그스키 / 전람회의 그림
- 차이코프스키 / 피아노 협주곡 제1번

연아's *Episode*

"그런데 이런 걸로 과연 집중력이 향상될 수 있을까?"

연아의 부정적인 말을 들은 세현이는 연아의 이런 생각을 깨뜨려야겠다는 생각이 먼저 들었다. 부정적인 생각이 있는 한 자신의 능력을 제대로 펼쳐내지 못할 게 당연하기 때문이다.

"이런 거라는 게 구체적으로 어떤 걸 말하는 건데?"

"지금까지 언니한테 들었던 거 말야."

"그중에 어떤 게 집중력 향상에 도움이 되지 않을 것 같은데?"

"그거? 그냥 느낌 말이야."

"그럼 만약 내가 가르쳐준 방법으로 집중력이 향상되면 어떨 것 같은데?"

세현이의 꼬치꼬치 캐묻는 질문에 연아는 마땅히 할말이 생각나지 않는지 약간 멍한 표정을 지었다. 그러한 표정을 지켜보던 세현이는 자신의 의도대로 연아가 반응한다고 생각되어 생긋 웃음을 띠었다.

161

부정적인 마음은
대화로 극복하라

자신의 마음속이 부정적인 생각으로 가득 차 있는 사람은 자신이 가진 능력을 제대로 발휘할 수 없을 것이다. '절대 할 수 없어!', '불가능해' 라는 부정적인 생각은 마치 신념과도 같이 자신을 실패상황으로 자꾸 몰아넣을 것임이 분명하다.

따라서 집중력을 키우기 위해서는 자기믿음을 갖는 것이 필수이다. 모든 사람에게는 잠재되어 있는 재능이 있으며, 그에 대한 자기믿음이 확실하다면 어떠한 일이든 해낼 수 있다.

그러나 문제는 이러한 잠재능력을 어떻게 끌어내어 항상 유지할 수 있는가에 있다. 자신의 능력을 믿고 싶어도 매 순간 스스로에 대한 의심이나 걱정에 빠져드는 것을 막기는 힘들 것이기 때문이다. 대부분의 사람은 자신의 긍정적인 면보다 실패와 좌절 같은 부정적인 기억에 더욱 연연해한다. 따라서 자신의 내부에 잠재되어 있는 능력과 가능성을 제대로 알기 위해서는 자신에 대한 불신의 원인을 제대로 파악할 줄 아는 시각을 갖는 것이 우선이다.

그렇다면 어떻게 해야 자신을 바라보는 시각을 바꿀 수 있을까?

자신을 바라보는 시각을 바꾸기 위해서는 자신의 의식을 분석하여 인식을 전환하는 작업이 필요하다. 의식을 분석한다는 말은 말 그대로 자신의 생각을 하나하나 꼬치꼬치 파고 들어간다는 말이다.

예를 들어 '난 그것만은 절대 할 수 없어!' 라는 생각이 든다면 그 즉시 '만약, 한다면 어떻게 되는데?' 라거나 '정말 1%도 할 가능성이 없을까?' 라는 식으로 자신의 생각을 분석해보는 것이다.

모든 사람의 생각은 대부분 **'생략, 왜곡, 일반화'** 라는 형태로 표현되고 있기에 자신의 생각의 오류를 찾아내는 과정에서 자기불신의 극복이 가능하다.

'난 어쩔 수 없어' 라는 생각이 든다면 구체적으로 무엇을 어쩔 수 없었는지, 지금이라도 극복하기 위해 어떻게 할 것인지, 한두 가지가 어쩔 수 없었다고 해서 자신의 능력을 전반적으로 부정해버린 것은 아닌지 세부적으로 따져보자.

자신의 부정적인 생각을 분석하는 과정에서 인식의 전환이 이루어지고, 그러한 인식의 전환은 긍정적인 생각을 할 기회를 제공해주기에 성취도 향상을 위한 가능성이 열리게 될 것이다.

"언니! 나는 만날 쉽게 포기해버리는데 이번엔 잘 해낼 수 있을까? 난 잘 해낼 자신이 없어."

"그래? 만날 쉽게 포기해버린다는 것 외에 또 어떤 게 네 자신감을 꺾어놓는데?"

"난 집중하기에 좋은 공부환경도 가지고 있질 못해."

"그래? 그럼 쉽게 포기하는 성격과 안 좋은 공부환경 외에 어떤 것이 또 네 자신감을 꺾어놓지?"

"으음, 난 또 솔직히 언니한테 한 번 들은 걸로는 내용을 다 이해했는지 걱정돼."

"쉽게 포기하는 성격, 안 좋은 공부환경, 부족한 이해력, 이외에 또 네 자신감을 꺾어놓는 건 뭐가 있을까?"

연아는 세현이의 계속되는 질문에 자신이 가지고 있던 모든 불만을 끄집어내기 시작했다. 연아가 잘 생각나지 않아 그만하려고 해도 세현이는 계속 집요하게 연아 스스로 자신의 부족한 점을 찾아내도록 유도했다.

"더이상 생각나지 않는다면, 지금까지 말한 이런 네 모습이 너의 전부를 표현하고 있는지 생각해봐."

"뭐라고? 이게 내 본모습이냐고? 그건 아니지. 지금까지는 나의 안 좋은 면만을 본 거고, 나의 좋은 점도 있지."

자신의 긍정적인 모습을 떠올리는 연아의 표정은 갑자기 화사하게 변해갔다.

자아상을
재확립하라

자신에 대한 불신은 집중력을 가로막는 큰 걸림돌로 작용한다. 이러한 불신을 깨는 방법은 자신이 인식하는 자신의 모습을 구체적으로 확인하고, 아래의 방식 같은 언어적 기법을 통해 해소시키는 것이다. 명상을 하는 느낌으로 아래의 질문을 자신에게, 혹은 자기불신을 가지고 있는 사람에게 던져보자. 스스로 그 늪에서 벗어나도록 도와줄 것이다.

1. 자신이 느끼는 자신의 상태를 아래와 같은 형태의 말로 표현해보자.

나는 "~이다."

ex) 나는 수학을 50점 맞은 멍청이이다.

2. 위의 말과 같은 형태로 계속 자신을 불신으로 이끄는 모든 것들을 찾아내어 세부적으로 표현해보자.

"또한 나는 ~이다."

3. 더이상 불신으로 이끄는 어떠한 것도 생각나지 않는다면 스스로에게 질문을
던져보자.

"이것들이 내가 생각하는 나에 관한 모든 것인가?"

4. 확실히 더이상 생각나는 것이 없을 정도로 최악인 자신의 모습을 확인하였
다면 아래와 같은 생각을 해보자.

"나는 그 이상의 사람이 아닌가?"

5. 내 자신이 지금까지의 문답으로 생각해왔던 최악의 자아상만 가진 것은 아
닐 거라는 생각이 든다면 다음과 같은 질문을 하라.

"그래서, ~(지금까지 자신이 말했던 최악의 자아상)이 아닌 나는 누구인가?"

바로 이 순간 마음속에 변화가 일어난다. 지금까지 자신은 최악이라고만 생각하

고 있었는데, 이 질문을 통해 기존에 생각해왔던 최악의 인간만은 아닐 것이라는

희망을 발견하게 되는 것이다.

6. 이제는 최악에서 벗어나 가능성을 찾는 질문을 해보자.

"그리고 _____(전 단계 질문으로 찾은 자신의 희망) 이상의 사람으로서, 그것은 나

의 모든 것인가? 나는 그것보다 얼마나 더 이상의 사람인가?"

7. 더이상의 장점을 찾을 수 없을 때까지 진행한 후, 마지막으로 확인하기 위한
질문을 던져보자.

"나는 내가 _____(지금까지 찾은 자신의 장점)을 가졌다는 것을 어떻게 아는가?"

꼬치꼬치 파고들어 절망 단계까지 진행한 후 다시 찾아낸 희망은 그

냥 장점만을 부각시키는 방법에 비해 훨씬 효과적으로 자신감을 되찾

게 해주고, 이 자신감은 공부에도 영향을 끼쳐서 학습 집중력을 높이는

데 도움을 줄 것이다.

연야's *Episode*

"이러한 기분을 좀더 강하게 살릴 방법은 없을
까? 잘 해낼 수 있다는 마음 말이야."

연아는 한순간에 자신의 불안을 잠재운 세현의 방
법이 놀라워서 언니가 혹시 다른 특별한 기술이 있는
걸까 싶은 마음에 질문을 던졌다.

"기분을 업시키는 아주 간단한 방법이 있지. 그냥 웃으면 돼."

"뭐? 웃으라고? 즐겁지도 않은데 어떻게 웃어?"

연아는 혹시 언니가 농담이라도 하나 싶어 그녀의 눈치를 살폈다.

"그냥 나를 따라서 미친 듯이 웃어봐. 하!하!하!하하하하하하. 따라
해봐. 부끄러워하지 말고. 푸하하하하하하하하하."

연아는 마치 연극배우처럼 갑자기 미친 듯이 웃어젖히는 언니를 보
며, 괜히 닭살이 온몸에 돋는 듯한 이질감을 느꼈다.

"한번 억지로라도 웃어봐. 자~ 입을 벌리고 배를 움켜잡고 박수를 치
면서. 어서! 한번 해보자니깐?"

세현이의 강권에 못이겨 연아는 슬쩍 흉내를 내보았다.

"헤헤. 헤헤헤."

웃재! 마음을 한곳으로 모을 수 있다

 집중이 안 되는 가장 큰 이유 중 하나인 심리적인 불안감을 해소할 수 있는 즉각적인 처방은 웃음요법이다.

독일의 정신과 의사인 미하엘 티체 박사는 웃음이 스트레스를 진정시키고 혈압을 낮춰주며 혈액순환을 개선하고 면역체계와 소화기관의 기능을 향상시킨다는 실험결과를 발표하였다. 또한 웃을 때에는 알파파가 증가하며 두뇌에 산소공급이 두 배 이상 증가되고, 엔도르핀, 세로토닌 같은 활성호르몬이 분비되어 두뇌의 능력이 극대화된다는 연구결과도 있다. 이렇게 웃음을 통해 전반적으로 심신이 안정되고 두뇌의 기능이 향상되므로 집중력은 자연히 향상될 수밖에 없다.

그러나 부정적인 관점에서 바라보는 사람들의 경우, 다음과 같은 의문을 가질 수도 있다.

"웃을 만한 일이 있어야 웃죠. 공부에 치여 괴롭고 힘들어 죽겠는데 어떻게 웃음이 나오죠?"

만약 여러분도 그런 생각이 든다면 앞서 설명한 심신 상관성의 원리를 다시 한 번 떠올려볼 필요가 있다.

우리의 신체는 우리가 생각한 대로 반응하기도 하지만, 반대로 우리의 마음은 신체가 어떻게 움직이느냐에 따라 역반응하기도 한다. 그렇기 때문에 마음이 내켜서 웃는 것이 아니라, 그냥 억지로라도 웃다보면 마음은 그에 맞춰 반응하게 되어 있다. 이러한 설명을 입증하듯 UCLA 대학의 데이빗 브레슬로우 박사는 억지로 웃는 것도 정상적인 웃음과 비교해 90% 이상의 효과가 있다는 실험결과를 발표하기도 하였다.

따라서 지금부터라도 기분전환을 통해 긴장완화를 시켜주고 두뇌에 산소를 공급하여 정신을 맑게 해주는 웃음을 적극적으로 학습에 활용해보자.

이때 효과를 크게 하기 위해서는 웃음의 크기도 크게 만들 필요가 있다. 웃음의 크기가 클수록 우리의 마음은 '저렇게 크게 웃는 것을 보니 즐거운가 보군!' 이라는 자의적인 판단을 내리게 되어 스스로를 더욱 즐겁게 만든다. 폭소를 넘어서서 박장대소를 하고 포복절도할 정도까지 웃어보라. 눈에서는 눈물이 나고, 배가 아파서 더이상 웃지 못할 듯한 느낌이 들 때까지 웃을 수 있다면 한번 웃어보자.

여러분의 마음속은 긍정적인 생각으로 가득 차서 여러분이 해야 할 모든 일에 강력한 에너지를 불어넣어줄 것이다.

연아's *Episode*

"그럼 이렇게 막 웃다가 바로 공부를 시작하면 기분이 좋아서 공부가 잘 되겠네?"

연아는 왠지 흥겨워진 마음 상태에서 바로 공부하면 더 좋은 효과가 있지 않을까 생각하며 자신의 생각을 말했다.

"바로 공부하는 것보다는 공부하기 전에 분위기를 만드는 것이 필요해. 집중이 잘되는 상태로 만들어놓고 공부를 하면 훨씬 효과적이지."

세현이는 본격적으로 집중하기 전에 미리 분위기를 만드는 방법에 대해 설명했다.

본격적인 집중 전에는
분위기를 잡자

제대로 집중하기 위해서는 공부를 시작하고 나서도
많은 시간이 필요하다. 집중하자고 마음먹자마자 바
로 집중력을 최대 수준으로 만들 수 있는 사람은 없
을 것이기 때문이다. 따라서 본격적인 공부에 앞서
서 공부할 분위기를 미리 만들어놓아야 빠른 시간 내에 완전한 집중상
태에 도달할 수 있다.

그러나 공부할 분위기를 만든다고 해서 쉬는 시간부터 미리 공부할
과목을 훑어보자는 말이 아니다. 미리부터 대충 훑어보면 전체 내용을
잘 알지도 못하면서 공부를 끝냈다는 오판을 하기 쉬워 학습물에 대한
관심이 떨어질 수 있고, 반대로 너무 어려울 것 같다는 생각에 자신감
이 떨어질 수도 있기 때문에 오히려 역효과일 수 있다.

따라서 분위기를 만드는 작업은 거실에 앉아 교과서가 아닌 책을 읽는다거나 공부하면서 마실 물이나 음료수를 미리 챙긴다거나 집중에 방해되지 않도록 주위환경을 정리하는 식의 가벼운 작업으로, 원래 공부할 내용과 관계가 없는 것들을 택하는 것이 좋다.

이렇게 분위기를 만드는 과정에서 자신이 어떤 것에 집중해야 하는지를 점검하게 되고, 집중과정에서 떠오를 잡념들을 정리하게 되어 머릿속이 맑아진다. 이런 상태로 공부를 시작하면 짧은 시간 내에 온전한 집중상태에 이를 것이다.

"그럼 쉬는 시간에도 집중 분위기를 유지하기 위해 책상 앞에 앉아 있는 게 좋겠네?"

"그건 아니야. 휴식과 공부가 느낌상 확실히 구분되어야 다음에 제대로 집중할 수 있어. 계속 집중상태를 유지한다면 엄청 피곤하지 않겠어?"

세현이는 집중 분위기를 잡는 것이 휴식의 의미를 퇴색시켜서는 안 된다는 것을 강조하며, 공부에 집중한다는 표시를 어떻게 하는 게 좋을지 설명했다.

드라마나 영화에서 우등생들이 필승이라고 적혀 있는 띠를 이마에 두르고 공부하는 것을 많이 보아왔을 것이다. 그 띠를 양손으로 질끈 동여매는 모습에서 어떤 느낌을 받았는가?

보는 사람까지 비장함을 느끼게 만드는 이러한 제스처는 누구에게나 동기를 부여하며, 자신의 목표를 떠올리게 하여 공부의 필요성을 강렬하게 느끼도록 해준다.

따라서 매일 공부 시작 전에 이렇게 스스로 정한 자신만의 규칙에 맞춰 행동할 수 있도록 만들어보자. 휴식시간과 공부시간 사이의 확실한 구분을 지어줄 만한 특정행동을 정해서 그 행동을 기점으로 삼으면, 그 순간을 기점으로 새로운 각오가 다져질 것이다.

그렇다면 머리에 띠를 두르는 행위 외에 어떤 제스처를 정하는 게 무난할까?

예를 들어 본격적인 공부를 시작하기 직전에는 미리 정해놓은 옷으로 갈아입는 것도 좋은 방법이 될 수 있다. 잘 때 입는 잠옷을 입고 공부를 한다거나 외출복을 입고 공부하면, 그에 맞춰 기분이나 정신상태가 잠자기 전이나 외출했을 때의 상태로 유지되기 때문에 공부할 때 입는 옷은 따로 정해야 한다.

앞서 나왔던 '앵커링' 방법을 이용하여 공부할 때에 입는 옷에 즐거운 기억을 심어놓아 공부할 기분을 상승시키는 것도 좋은 방법이다.

옷을 갈아입는 것 외에 좋은 표현법으로는 공부 시작 전까지 공부방에 들어가지 않는 것이다.

휴식시간과 공부시간을 정확히 구분하여 공부방에 들어가는 순간부터 공부에 제대로 집중할 것이라는 의지를 다지는 것이다. 마치 카운트다운이 시작될 때에 모든 정신이 하나로 모아져 집중이 제대로 이루어지는 것처럼, 공부방에 들어가기 직전까지 집중할 수 있는 힘을 모아놓고 공부를 시작했을 때 터뜨리는 것이 집중력 향상에 좋은 요령이다.

그러나 머리띠를 한다거나 옷을 갈아입는다거나 공부방 출입시간을 지키는 등의 두드러진 행동들을 연출하는 것이 부담스럽다면 자신만의 작은 규칙을 정해보라.

남들이 알아채지 못하도록, 마치 수영을 할 때처럼 크게 숨을 한번 들이마신 후 공부를 시작한다거나, 신체의 어느 한 부위에 가볍게 박수 치듯 힘을 가하는 간단한 방법도 분명 효과가 있을 것이다.

연아's _Episode_

"공부를 하다가 갑자기 집중이 안 될 때도 있잖
아? 그럴 때 효과적인 방법은 없을까?"

"그건 네가 해야 할 목표를 떠올려보는 것만으로
도 충분히 가능하잖아?"

"언제나 목표를 떠올리는 게 쉽지 않으니까 그렇지."

"그럼 언제나 목표를 떠올릴 수 있도록 만들면 되겠네?"

세현이는 목표를 항상 떠올릴 수 있도록 잘 보이는 책상 앞 벽에 목표
를 적어놓는 방법을 넘어서서, 보다 목표를 자주 확인 할 수 있는 요
령을 알려주었다.

집중이 안 된다면
언덕에 올라보자

이런저런 방법을 써 봐도 집중이 안 될 때는 장기 계획을 떠올려보는 것만으로도 집중력 회복이 가능하다. 마치 등산을 하다가 끝없는 산길을 걷는 게 힘이 들어 포기하고 싶을 때, 산 아래를 내려다보면서 지금까지 지나온 전체적인 루트를 훑어보면서 자신의 현재 위치와 앞으로 나아가야 할 길을 파악하여 용기를 얻을 수 있는 것처럼, 공부를 할 때도 전체적인 조망을 해보는 것이 다시 공부에 집중할 수 있는 힘을 가져다준다. 끝없는 공부의 굴레 속에서 '도대체 언제까지 이런 공부를 계속해야 하는 걸까?' 같은 회의가 들 때, 장기목표를 떠올려보면 지금까지 자신이 이룩해온 성취와 앞으로 해야 할 과제가 비교되면서 자신의 위치를 쉽게 파악할 수 있다.

집중이 안 된다면 잠시 쉬면서 자신의 목표를 재확인할 수 있는 기회를 가져보자.

이런 효과를 높이기 위해서 구체적으로 세운 목표를 자신의 책상머리 벽에 다시 한 번 직접 손으로 써서 붙여놓는 것도 좋다.

사람의 머릿속은 대단히 복잡하여 머릿속으로만 생각하고 있을 때는 확실하게 목표를 성취하기 힘들 수 있기 때문에, 설정한 목표와 그것을 달성하기 위한 과정을 직접 손으로 써보는 작업을 진행하면, 목표가 손에 잡힐 듯이 더욱 구체화된다. '다음 시험에서 전교 10등 내에 들겠다'와 같은 장기목표를 적은 종이를 책상 앞에 써 붙인 다음, 그 목표를 위해 무엇이 필요한지도 작성해 붙여놓자. 이때 그 목표에 이르기까지의 과정을 그림이나 도표로 작성하면, 그것을 바라볼 때마다 의욕이 생겨 목표에 더욱 잘 집중할 수 있을 것이다.

목표를 구체적으로 적어두면 목표를 마음대로 수정하지 않게 되어 계획한 대로 일이 진행된다는 장점도 생긴다. 대부분의 사람들이 목표한 대로 일이 진행되지 않으면 마음대로 목표를 변경해버리는 경우가 많은데, 그러한 유혹을 미연에 방지할 수 있기 때문이다.

이 목표를 자주 회상할 수 있도록 자신이 목표한 바를 적어놓은 종이 밑에 그래프를 만들어서 자신이 성취한 수치를 표시해보는 것도 아주 좋은 응용방법이다. 예를 들어, XX대학을 가는 것을 목표로 삼았다면, 그 대학에 가기 위해 필요한 내신성적과 영어점수 등을 그래프에 표시해두고, 자신이 변화해 가는 과정을 그래프로 표시해보자. 단순히 목표를 바라보는 것에서 그치지 않고, 목표를 계속 보완해가는 과정에서 목표성취에 대한 놀라운 집중력이 생겨날 것이다.

이러한 목표와 과정을 누군가가 보면 창피하다라는 걱정은 금물.

오히려 효과를 극대화하기 위해 가능한 한 주변에 많이 알려두는 것이 좋다. 자신이 직접 써보는 것만큼 직접 말하고 그것을 자신의 귀로 듣게 되면 더욱 뛰어난 효과가 발생할 것이다. 주변 사람들이 자신의 목표를 알게 된다면, "넌 충분히 잘 해낼 거야"라는 식의 응원이나 그 목표를 이룰 수 있는 조언 등을 자연스럽게 유도할 수 있고, 이러한 과정은 본인에게 긍정적인 암시효과를 가져올 것이다.

연아's *Episode*

"목표를 계속 떠올려보는 것 외에, 더 확실한 방법은 없을까?"

연아는 기본 목표설정 방법을 조금만 달리해도 집중력에 변화가 생긴다는 언니의 설명을 듣고, 또 다른 응용요령은 없을지 궁금해졌다.

"물론 여러 방법이 있지만 대표적인 요령은 공부할 양이나 시간을 조금씩 타이트하게 설정해서 절박함을 유도하는 거야."

세현이는 한신이 배수의 진을 쳐서 병사들의 집중력을 높인 과거의 역사를 떠올리며 설명을 이어나갔다.

절박함을
유도하라

누구나 시험 전날, 밤을 새면서 공부해본 경험이 있을 것이다. 몇날 며칠을 책상 앞에 앉아 공부해 왔지만 그날 하루만큼은 이상하게 집중이 잘 되어 밤을 새는 것이다. 당장 코앞에 닥친 시험이 다른 생각을 할 여유를 주지 않고 긴장상태를 유지하게 만들어서, 절박해진 마음이 평소에 공부하는 것보다 훨씬 많은 분량의 공부를 해내도록 한다.

이러한 현상은 시험 때뿐만이 아니라 질지도 모른다는 절박한 심정으로 게임이나 운동을 지켜볼 때도 나타난다. 따로 집중하려고 애쓸 필요가 없을 만큼 시간과 공간을 인식하지 못하는 몰입 상태에 빠지게 되는 것이다.

따라서 공부에 집중하고 싶을 때는 의도적으로 절박함을 만들어 그것을 이겨내려는 도전의식을 일부러 만들 필요가 있다. 과제를 달성해

183

야 하는 시간을 앞당겨 본다거나 해야 할 분량을 조금 더 추가해보는 것이 좋다.

더 나아가 절대 지고 싶지 않은 친구와의 경쟁을 의도적으로 만들어 보는 것도 절박함을 만드는 좋은 방법이다. 꼭 이겨야 한다는 투쟁본능은 져서는 안 될 것 같은 절박함을 만들어내고, 이로 인해 집중력이 키워져서 평소에 소홀히 했던 어려운 과목도 무난히 소화해낼 수 있도록 만들어줄 것이다.

만약 이런 경쟁의식을 느끼는 것이 싫다면 앞서 이야기한 보상효과를 이용해서 절박감을 유도해보자.

이번에 자신이 목표로 한 것을 이뤄내지 못한다면, 더이상 휴대전화를 사용할 수 없다거나 인터넷을 이용한 게임이나 정보검색을 전혀 할 수 없다는 상황을 의도적으로 만들어두어 평소보다 더욱 강한 집중력이 발휘되도록 해보자.

꼭 해내야만 한다는, 꼭 이겨야만 한다는 급박한 상황이 만들어내는 집중력을 상황에 따라 적절하게 적용해보기 바란다.

연아's *Episode*

"절박한 마음이 들도록 해놓고 일단 시작하면 없던 집중력도 생길 거야."

세현이는 일전에 설명했던 집중이 집중을 불러오는 원리를 다시 한 번 간략하게 설명해주고는 연아의 자발적인 참여를 유도했다.

"집중하다 보면 집중하는 과정에 새로운 즐거움을 발견할 수 있단 말이지?"

"그렇지. 하지만 그것만이 아니라, 억지로라도 집중하다 보면 두뇌는 네가 집중하는 모습을 보고 집중이 잘되는 줄 착각해서 더욱 집중이 잘되도록 만들어준다는 거야."

연아는 자신이 아직 해보지 않아서인지 고개를 갸웃거리며 언니의 말에 집중했다.

Focus on !
관성을
이용하라

왠지 배가 고프다거나 피곤함이 몰려온다거나 혹은
갑작스런 친구의 회유로 공부에 관심이 떨어져서 집
중이 안 될 것 같다면 여러분은 어떻게 하는가?

이러한 상태를 극복할 수 있는 가장 단순한 방법은
'무턱대고 일단 시작' 하고 보는 것이다.

이 말을 듣고, "아니 하기 싫어 죽겠는데, 뭘 일단 시작해요? 그런
상태로 집중해봤자 효과가 있겠어요?"라는 의문이 생길 수도 있을 것
이다.

하지만 여기에서도 심신상관성의 원리가 적용된다. '집중을 해야지'
라는 의도에서 집중이 잘되는 상태가 만들어지지만 반대로 억지로라도
마치 집중이 잘되는 것처럼 공부하는 척하면 단순한 두뇌는 '어? 집중
이 잘되나 보네?' 라는 생각을 하게 된다. 우리는 누구나 정말 싫어하는

186

것도 우연처럼 자꾸 마주치다 보면 왠지 익숙하게 느껴지는 경험을 한 두 번씩은 해봤을 것이다.

아무리 집중이 안 될 것 같더라도 시작하기가 어려워서 그렇지, 일단 시작하기만 하면, 관심이 조금씩 생겨나고 그에 따라 집중이 점점 잘되는 선순환이 시작된다.

마치 우주선이 대기권을 벗어나기까지는 엄청난 에너지가 필요하지만, 한번 대기권을 뚫고 우주로 나가면 지금까지의 추진력만으로도 자연스러운 진행이 가능한 것처럼, 자신을 붙들어놓고 잘 놓아주지 않는 타성을 벗어나기만 하면, 그 상태를 유지하는 것은 결코 어려운 일이 아니다.

더 나아가 모든 물체는 자신의 현재 상태를 유지하려는 관성의 영향을 받으므로 공부를 하기 전에는 공부를 하지 않는 상태를 유지하려 하지만 추진력이 생긴 이후에는 계속 그 상태에 있는 것이 자연스럽게 느껴진다. 마치 차가 출발할 때에는 그 자리에 있으려는 힘에 의해 뒤로 밀리지만, 한번 익숙해지면 오히려 차가 멈추려 할 때에도 자신은 계속 가던 방향으로 가기 위해 앞으로 쏠리는 현상이 나타나는 것처럼, 공부에 탄력이 붙으면 오히려 멈추기가 힘들어진다.

정말 10분만 하겠다고 다짐하고 시작한 게임이 두 시간, 세 시간이 되도록 끝낼 수 없는 원인이 꼭 게임에 미쳐서만이 아니라, 이러한 자신의 행동을 일관되게 유지하고자 하는 관성의 법칙이 적용되고 있기 때문이다.

정말 집중이 안 될 것 같아 포기하고 싶더라도 마음속으로 다음과 같은 말을 스스로에게 해보자.

'그만둘 때 그만두더라도 딱 십 분만 해보자.'

연아's *Episode*

"공부의욕을 꺾어놓을 정도는 아니지만, 계속 생기는 잡생각은 어떻게 하면 좋아? 예를 들면, 한창 과학공부를 하고 있는데 갑자기 영어숙제를 빨리 해야 한다는 생각이 들어서 현재 하고 있는 공부에 집중을 못 하게 될 때도 있잖아?"

"그거야 간단하지. 생각을 안 하면 되잖아?"

"아니. 생각이 나는데 어떻게 생각을 안 해? 그리고 생각을 안 하면 안 되는 게, 영어숙제를 그렇게 놔두다가는 정말 잊어버리고 안 할 수도 있잖아?"

연아의 말을 듣고 세현이도 이럴 때를 잘 넘길 수 있는 요령을 개발해야겠다는 생각이 들었다.

"그렇다면 나중에 생각하도록 적어두면 되겠네?"

세현이의 너무나 무성의하지만 효율적인 답변에 연아는 순간적으로 그 말이 맞는 말인지 아리송하다는 듯한 표정을 지었다.

189

집중 방해물을
노트에 정리하라

아무리 집중해서 공부에 몰입해 있다고 해도 어느 순간 우리의 머릿속에 떠오르는 잡념을 완전히 막는 것은 불가능하다. 또한 잡념이라고는 하지만 그것이 완전히 생각할 필요도 없는 공상이 아닐 수도 있다.

예를 들어 한창 수학공부에 빠져들었는데 갑자기 잊고 있었던 숙제가 떠오를 수도 있고, 조금더 우선순위가 높은 범위가 생각날 수도 있다는 것이다.

따라서 공부할 때는 주변에 학습 계획표나 작은 메모장을 항상 준비해놓고 이런 생각을 적어놓을 필요가 있다. 머릿속 잡념을 방치하면 잡념은 또 다른 잡념을 불러와서 도저히 집중할 수 없는 상태를 만들어버리기도 한다. 그렇다고 억지로 잡념을 무시하고 집중하다가는 나중에 꼭 해야 할 중요한 내용을 잊어버릴 수도 있다.

따라서 지금 집중하고 있는 공부와는 관계없는 모든 생각을 떠오르는 그 순간 바로바로 적어놓는다면 지금의 공부가 어느 정도 정리가 되었을 때나 쉬는 시간을 이용하여 한번에 정리할 수 있을 것이다.

메모할 때에는 이것을 메모로 남겨두어야 할지, 그냥 잊어버려야 할지 고민할 필요가 없다. 그것이 나중에 어떻게 사용되는지는 중요한 것이 아니다. 일단 머리에 든 것을 빼낸다는 의미이므로, 그냥 현재의 공부와 관련이 없는 무엇이라도 떠오르면 그냥 적기만 하면 된다. 적을 때에도 깔끔하게 적기 위해 애쓴다거나 나중에 알아보지 못할까 하는 걱정을 하지 말고, 그냥 빈자리 아무 곳에나 생각을 적어 넣어라. 최대한 신속하게, 가능한 한 생각에너지를 낭비하지 말고 메모하자.

생각을 빼내는 작업이므로 자신만 알아볼 수 있게끔 작성하는 것이 당연하다. 내용을 풀어쓰지 말고, 자신만 알아볼 수 있다면 간단한 도형이든 기호든 축약어든 상관없이 간단하게 적어 넣는 것이 요령이다. 어차피 자신의 머리에서 떠오른 생각이므로 한 단어면 그것이 무엇을 뜻하는지 알 수 있기 때문이다.

항상 손이 닿는 곳에 메모지와 필기도구를 꺼내놓고 자신의 집중력을 유지시켜줄 중요한 도구로 삼자.

연아's *Episode*

"알았어. 언니 말대로 열심히 집중력을 키워서
잠잘 시간을 아껴서라도 공부할 거야."
"잠잘 시간을 억지로 줄이는 건 건강에 좋지 않아.
피곤한 상태로 어떻게 집중할 수 있겠니?"
세현이는 연아의 지나치는 말까지도 놓치지 않고 지도했다.
"그렇긴 하지만 난 잠이 너무 많단 말이야. 자도 자도 피곤해서 계속
자고 싶고. 그러느니 잠을 줄이는 게 좋을 것 같아."
"그건 네 수면 환경이 안 좋아서 그런 거야. 집중환경이 중요한 것처
럼 수면환경도 너의 전반적인 건강이나 집중을 위해서 매우 중요
해."
세현이는 연아의 수면환경에 대해 이것저것 질문하며, 보다 효율적
인 수면요령을 알려주었다.

수면에 투자하는 시간을
아까워하지 마라

잠은 절대 부족하게 자서는 안 된다. 잠자는 시간을 아껴서 공부하면 보다 높은 성취를 거둘 수 있으리라 생각하는 사람들이 많은데 잠을 충분히 못 자면 정상적인 두뇌활동이 이루어지지 않아 기억력 감퇴 뿐만 아니라 집중력의 저하를 가져와 학습효율이 떨어져 오히려 역효과가 나타난다.

학습성취는 양에 의해서라기보다는 질적으로 얼마나 충실히 집중했느냐에 따라 좌우된다는 사실을 알고 있다면, 결코 수면시간을 아까워하지 않을 것이다. 잠자는 시간을 줄여서 졸린 상태로 계속 공부한다면, 그 공부가 제대로 된 효과를 낼 수 없을 것이라는 것은 당연하다.

만약 특정 이유로 수면이 부족했다면 낮에 잠깐 잠깐씩 낮잠을 자서 부족한 수면을 보충해주어야 한다. 정신적인 피로를 풀어줄 수 있는 가장 확실한 방법은 수면이 틀림없기 때문이다. 그러나 낮잠을 30분 이상

자게 되면, 오히려 흐름이 깨져 집중력을 다시 살리는 데 어려움을 겪을 수 있으니 과도한 낮잠은 피하도록 하자.

그러나 문제는 제대로 자는 것도 아니면서 하루 종일 침대 안에서 뒤척거리면서 시간을 보낼 때 발생한다. 자도 자도 피곤함을 느낀다면 피곤을 풀기 위해 끝없이 잠을 자야 하는 걸까?

이럴 때는 계속 침대에 누워있기보다 자신의 수면환경이 피곤을 풀 만큼 적절한지 먼저 살펴보는 것이 바람직하다. 공부환경과 마찬가지로 수면환경이 적절치 못하면 깊은 잠을 자지 못해 계속 피곤함을 느낄 수밖에 없기 때문이다.

수면환경에 무엇보다 중요한 요소는 빛이다. 우리 몸 안에 들어 있는 생체시계를 조절하는 호르몬인 멜라토닌은 빛에 의해 조절되기 때문에 잠을 자는 동안에는 최대한 어둡게 하고 일어날 때는 고휘도의 빛을 몸에 쪼어주어야 리듬을 찾을 수 있다.

마치 자연상태에 살고 있는 사람처럼, 잘 준비를 할 때에는 노을이 지는 풍경처럼 약한 불빛의 백열등을 켜놓고, 잠이 들 때 완전히 어둡게 만드는 것이 잠자리에서 오랫동안 뒤척이지 않도록 하는 요령이다.

빛 이외의 중요요소로는 온도와 습도, 소음 등이 있다. 숙면을 위해서는 체열을 내릴 수 있도록 약간 시원한 느낌이 들 정도의 온도인 32도 정도가 좋고, 호흡하기 적당하면서도 피부가 메마르지 않도록 50% 정도의 습도를 유지해야 한다.

효과적으로 빛을 차단하고 소음까지 제거할 수 있도록 표면에 굴곡

이 있는 두꺼운 직물을 이용하여 주름을 잡아 벽면 전체를 감싸는 커튼을 설치하는 것이 숙면에 도움을 준다.

적절한 수면환경을 만들었다면 한 시간 반 단위로 수면시간을 조절하는 것이 좋다. 적게 자도 피곤이 풀리는 사람은 세 시간 혹은 네 시간 반, 여섯 시간 단위로 잠을 자고, 많이 자야 하는 사람은 일곱 시간 반이나 아홉 시간 단위로 취침시간을 정하면 된다.

취침시간은 사람에 따라 다르므로, 다른 사람의 의견을 좇을 필요가 없다. 나폴레옹은 세 시간만 자도 충분하다고 했고, 아인슈타인은 아홉 시간은 자야 한다고 주장했다.

이렇게 개개인의 수면조건은 다르므로 남들의 의견에 좌우되기보다는 자신의 취침시간과 기상시간, 신체상태 등에 관해 일주일여 동안 꾸준히 정리하여, 자신만의 수면패턴을 확실히 알아두는 것이 우선해야 할 일이다.

어떤 환경에서 몇 시에 자서 몇 시에 일어났는지, 그리고 그때 느낀 신체상태와 그날 하루의 바이오리듬 등을 며칠만 꾸준히 정리해가다 보면 자신에게 꼭 맞는 패턴이 보일 것이다.

학생이라면 물론 이 패턴을 좀더 짧게 자면서도 깊게 숙면을 취할 수 있는 쪽으로 바꾸고 싶은 마음이 드는 게 당연하겠지만, 일단 자신의 현재 패턴을 확실히 파악한 후 무리가 생기지 않도록 조금씩 바꿔 나가는 것이 바람직하다.

다시 한 번 말하지만, 학습의 결과는 양이 아니라 질에서 나온다는 점을 숙지하고 자신의 상태에 맞춘 수면에 투자하는 시간을 아까워하지 말자.

연아's *Episode*

"마지막으로 한 가지만 더 도움이 될 요령을 알려줘."

연아는 언니의 시간을 너무 많이 뺏은 것 같아 슬슬 정리해야겠다는 생각이 들었지만, 이대로 끝내기는 아쉬운 마음이 들어 언니가 지금까지 가르쳐주지 않은 사소한 요령을 한 가지라도 더 배우길 원했다.

"내가 해줄 기본적인 조언은 다 말해준 것 같은데, 한 가지만 더 알려달라니까 굳이 말해준다면, 공부할 때 맡는 향기도 집중에 많은 도움을 준다는 것을 알아두는 게 좋아."

"아하, 오감을 개발하는 훈련을 하면 집중이 잘된다는 말처럼 말이야?"

연아는 아까 언니가 설명해주었던 오감훈련 방법을 떠올리며 그녀의 설명을 조용히 들었다.

Focus on !

공부에 도움이 되는
향기를 맡아라

1943년 러시아 태생의 미국 세균학자 왁스먼이 피톤치드Phytoncide에 대해 여러 연구결과를 발표하였다. 피톤치드란 식물이 병원균·해충·곰팡이에 저항하려고 내뿜는 분비물로서, 이 피톤치드를 맡으면 스트레스가 해소되고 장과 심폐기능이 강화되며 살균작용도 이루어진다. 또한 실내의 나쁜 냄새를 없애주고 집중력과 기억력에 도움이 되는 뇌파를 증가시켜 학습능력을 향상시켜주는 효과도 있는 것으로 보고되었다. 이러한 피톤치드는 나무들이 많은 숲속에 다량으로 존재하는데, 이 때문에 삼림욕이 심신에 좋은 영향을 미치는 것은 당연하다.

그러나 이러한 피톤치드의 효과를 볼 수 없는 환경에 있는 학생들의 경우, 주변에서 쉽게 구할 수 있는 아로마 제품을 구해서 학습효과를 높이면 된다.

머리를 맑게 해주며 집중력을 높이고 상쾌한 기분을 만들어주는 대표적인 아로마로는 유칼립투스가 있다.

이외에 로즈마리는 두뇌에 활력을 주어 기억력을 증진시키고 집중력을 강화시켜주며, 무기력을 해소하여 우울한 기분을 전환하는 데 효과적으로 사용된다.

페퍼민트는 냉각효과가 있어서 신경이 날카로울 때 정신적인 안정을 도모해주며, 머리를 맑게 하여 피로와 우울한 기분을 해소시켜 준다.

레몬향은 마음을 밝게 해주는데, 활기가 없을 때 즐거운 기분을 만들어주고 긴장을 풀어주며, 페퍼민트와 같이 사용하면 효과적이다.

평소 자신이 가장 좋아하는 향기가 어떤 것인지 생각해보고 그것이 꼭 위에 제시한 특정향이 아니더라도 자신의 공부환경에 은은하게 감돌도록 만들어보자. 기분을 좋게 만드는 심리적 효과만으로도 이완이 진행되면서 집중을 유지하는 데 많은 도움을 줄 것이다.

Chapter 5.

학습내용을 자신이 지금 경험하고 있는 것처럼, 눈앞에 펼쳐진 사건을 보듯 오감을 최대로 동원하여 이미지화하자.

Focus on !

습득한 초집중력을
각 과목에 활용해보자!

상상력을 이용한
우뇌 활용학습

학습을 진행할 때 상상력을 이용한 우뇌 활용학습은 집중력을 높이는 가장 좋은 방법이라고 이미 앞에서 설명했다. 학습내용을 자신이 지금 경험하고 있는 것처럼 눈앞에 펼쳐진 사건을 보듯 오감을 최대로 동원하여 이미지화한다면, 내용은 살아 숨쉬는 정보로 뇌 안에 저장되고, 그러한 과정들이 행해지는 순간순간의 집중력은 단순한 학습을 진행할 때와 비교해 급속도로 높아진다.

그러나 학습물에 자주 나오는 추상적이거나 의미가 애매한 학습핵심들은 구체적으로 상상하기가 어려울 수도 있다. 따라서 이러한 내용들을 자신이 익히 알고 있는 구체적이고 선명한 대체 이미지들로 변환하여 기억하는 것이 필요하며, 그러한 요령들을 학과목에 접목시키는 방법들은 다음과 같다.

1. 대표법

학습핵심의 정확한 이미지를 떠올리기 힘들 경우, 그 핵심을 연상할 수 있는 핵심과 관계 있는 다른 구체적인 이미지를 떠올려 그 이미지로 하여금 학습핵심을 대표하도록 만드는 방법.

ex) 르네상스 시대 :

르네상스를 대표하는 미켈란젤로나 레오나르도 다 빈치 같은 대표적인 인물을 떠올려 르네상스 시대를 구체적으로 이미지화한다.

2. 유사단어 연상법

핵심어를 듣고 떠오르는 유사한 음을 가진 다른 사물을 떠올려 기억의 힌트로 삼아 연상하는 방법.

ex) 필리핀의 수도 마닐라 :

필리핀을 듣고 비슷한 발음으로 연상되는 피리나 머리핀 등을 떠올리고, 마닐라는 바닐라 아이스크림을 떠올려서 기억의 단서로 삼는다.

3. 분할법

학습핵심 자체의 이미지가 없어서 대표법을 사용하기 힘들다거나 유사음으로 연상하기에 조금 긴 용어들의 경우, 각각의 어휘를 분할한 후, 분할된 마디마디에 의미를 부여하여 구체화시켜 영상화하는 방법.

ex) 안티스테네스 – 그리스 철학자 :

안티스 + 테네스 형태로 나누어, '안티스' 하면 '안티' 팬을 떠올린다거나 '안테나'를 떠올리고, '테네스' 하면 '테니스' 등을 떠올려 두 개의 영상을 기억의 힌트로 삼는다.

4. 구체화 기법

학습내용을 자신이 기억하기 적합하도록 보다 세부적인 부분까지 구체화시켜 강렬한 인상을 남겨 기억하는 방법. 학습핵심을 과장하거나 충격적인 장면으로 구체화시킨 후, 살아 숨쉬는 이미지로 변환하여 영상화한다.

ex) 아보가드로 법칙 – 모든 기체는 종류에 관계없이 같은 부피에는 같은 수의 분자가 포함되어 있다.

수소나 산소 같은 기체를 마치 여자와 남자로 구체화시킴 ▶ 이들을 각각의 방 안에 넣어두었을 때, 서로 일정한 거리를 두고 있는 영상을 떠올림 ▶ 이들을 결합시키니 하나의 몸처럼 딱 달라붙어서 각각 있을 때처럼 부피가 작아진 모습을 떠올림 ▶ 이들을 똑같은 공간 안에 넣어두었을 때, 혼자 있을 때와 같은 부피를 차지하는 모습을 떠올림 ▶ 같은 부피의 공간 안에는 같은 수의 분자들이 들어가 있다는 결론을 떠올림

5. 약어법

학습핵심의 개별적인 기억은 하고 있으나, 한번에 묶어 기억하기 어려울 경우 학습내용을 한글자로 압축해 표현한 후 그 글자들을 알맞게 배열하여 전체적으로 기억하는 방법.

ex) 고전파 / 낭만파 / 자연파 / 사실파 / 인상파 / (신인상파 / 후기인상파)

/ 야수파 / 입체파 / 표현파 / 초현실파 / 파리파

고 / 낭 / 자 / 사 / 인 / (신 / 후) / 야 / 입 / 표 / 초 / 파

연상 : 고(씨) 낭자(가) 사인(을 보내) 야(구) 입(장)표와 초밥(을 사왔다.)

− 약어법의 경우에도 이미지 상상이 되지 않으면 빠르고 정확하게 기억되지 않는

다. 따라서 무조건적인 리듬보다는 영상화에 원칙을 두고 배열하라.

6. 도식화 기법

기억해야 할 학습핵심을 간단한 그래프나 간략한 형태의 그림으로
만드는 방법.

학습핵심이 그림이나 도형일 경우라 하더라도 자신이 익히 구별할
수 있는 보다 쉬운 간략한 형태로 바꾸면 더욱 쉽게 기억할 수 있다.

핵심을 다루는 전체적인 부분을 자신만이 알아볼 수 있는 짧은 기호로 표시하는

것도 기억에 도움을 준다. 한마디로 요약할 수 있는 자신만의 기호를 만들어놓으

면 회상에 도움이 된다.

7. 이야기 형성법

학습내용으로 자신만의 이야기를 만들어 기억하는 방법

전체적인 핵심이 이해되어 영상화할 수 있는 경우에는 그 자체를 선명하게 눈앞

에 그려보는 것만으로도 학습효과가 증대된다. 하지만 내용이 이해되지 않을 경

우에는 자신의 이해가 가능한 틀 안에서 자신만의 이야기 구조를 만들어 영상화 시키는 것이 필요하다. 정확한 이해가 우선이지만, 본래의 의미를 모를 경우 우선 자신만의 방식으로 이야기를 만들어서 이해한 후 나중에 정확한 이해를 하는 것이 필요하다.

이상에서 제시한 방법들을 사용하면 무엇을 보든 간에 계속 영상화 시키기 위해 우뇌를 작동하는 과정에서 알파파가 발생하며, 두뇌가 활성화되어 잡념이 끼어들 여지가 없도록 만들어준다. 따라서 실제 학습에 임할 때 언제 어느 대상이든지 이미지를 확실히 떠올리겠다는 자세로 진행해 나간다면 집중을 유지하기가 한결 쉬워질 것이다.

Focus on !
국어:모든 지문
생생하게 상상하기!

국어를 잘하기 위해서는 우선 핵심을 정확히 파악하고, 그 흐름을 제대로 이해할 수 있는 습관이 체득되어야 한다. 그러나 이러한 습관은 오랜 시간 꾸준한 독서를 통해 능력을 키워두지 않으면 근본적인 변화를 얻기 힘들다. 따라서 국어과목의 성취도를 향상시키기 위해 평소 다양한 분야의 교양을 폭넓게 쌓아두도록 노력해보자.

국어지문의 전체 흐름을 잡은 후 세부적인 영상화까지 시키는 일련의 과정들이 자연스럽게 진행된다면, 생각들은 다른 곳으로 흘러가지 않고 자연스럽게 하나로 모일 것이다. 이러한 집중력은 모든 학습의 기본이 되어준다.

그러나 단기간에 국어과목의 성취도를 올리고 싶다면 교과서를 여러 번 읽어보면서 모르는 단어나 글귀, 이해가 되지 않는 문장 등을 책의

207

빈 여백이나 노트 등에 정리해보면 된다.

이러한 능력을 키우기 위해서 아래와 같은 과정을 진행해보자.

먼저 문장을 제대로 이해하기 위해서는 핵심어를 순간적으로 추려내는 작업이 선행되어야 한다. 핵심어는 한 문장을 아우르는 2~3개의 단어로 한정시켜보자.

이렇게 선별된 핵심어는 다음과 같은 순서로 정리하면서 상상의 기틀을 잡아 나가야 한다.

①전체적인 이미지를 떠올린다. – 지금이 어떤 상황인지, 그 상황에 이르게 된 계기는 무엇인지, 앞으로 진행될 방향은 어떨 것 같은지 전체적인 배경을 충분히 상상해보자.

②핵심어의 뉘앙스를 느껴본다. – 단순한 이론적인 의미가 아닌 상황에 알맞은 적합한 의미를 상상해보자. 그 핵심어가 표현하고자 하는 느낌이 오감적 차원에서 어떤 것을 나타내는지를 파악하는 것이 중요하다.

③상황을 요약해본다. – 핵심을 파악하는 것에 머무르지 않고 전체를 한마디로 요약할 수 있는 주제를 하나 찾아낸다. 그후 주제에 맞게 핵심어들을 가지고 전체적인 줄거리를 순차적으로 회상할 수 있도록 구조화시킨다.

④생생한 상황을 만들어낸다. – 자신이 마치 영화감독이 된 것처럼 주어진 내용에 대한 입체적인 영상을 만들어낸다. 실제 눈앞에 벌어지고 있는 일인 것처럼 생생한 오감이 전달되면 장기기억에 도움이 된다.

이렇게 글이 전달하고자 하는 상황에 대해 입체적으로 떠올려보고 그때의 상황을 자신이 직접 겪어본 것처럼 오감으로 느낄 때 비로소 그 글이 전달하고자 하는 주제를 제대로 파악할 수 있다.

자신이 주인공인 것처럼 상상해보고 그 상황에서 자신이라면 어떤 느낌을 가졌을지를 느껴보며, 그 사건이 어떤 영향을 끼칠 것인지 동기화를 시켜보자.

핵심어를 파악하고 대표적인 이미지를 잡아 구체적인 영상화를 시키는 연습을 통해 마치 영화를 보듯이 생생한 학습이 가능하도록 만든다면, 어떠한 과목이든 이러한 국어 학습법이 성취도 향상을 끌어내는 근본이 되어줄 것이다.

Focus on !

영어:내용이해 후
나만의 방식으로 기억하기!

새로운 언어를 받아들이는 과정은 학습내용의 대부분을 반복에 의한 기억에 의존해야만 한다. 그러나 이 과정에서도 영어본문을 무식하게 통째로 암기하려 한다거나, 단어집을 보며 몇 백 번씩 쓰면서 기억하는 것은 시간대비, 노력대비 효과가 매우 떨어지는 일이다.

어떠한 학습이든 생생한 상상이 기본이 되지 못하면 전반적인 학습효율이 저하되므로, 영어를 학습할 때에도 어떻게 상상을 응용할 것인지 항상 염두에 두어야 한다.

영어본문을 기억할 때에는 일단 영문자체의 해석이 먼저 이루어진 후, 그 해석을 바탕으로 한 영상화를 진행한 상태에서 최종적인 영문을 접하는 것이 순서이다. 해석된 상황을 이해하고 기억해놓은 상태라면, 그 다음은 내용에 따라 간단한 영작만 진행해도 본문을 기억해내는 것이 어렵지 않다.

그러나 이때 어휘력에 문제가 있다면 해석이 되지 않거나 영작을 할 때 최종과정을 제대로 수행할 수 없을 우려가 있기 때문에 평소 어휘력을 쌓는 것을 게을리해서는 안 된다. 영어만큼은 성취도 향상을 기대할 수 없을 것이다.

영어를 외국어 자체로 외우고 익히려 하지 말고 쉽게 해석이 가능하도록 어휘와 문장을 익힌 뒤, 그것을 바탕으로 해석한 후 해석된 장면을 상상하여 장기기억으로 전환시키고, 마지막으로 그 장면을 떠올리면서 영문을 만들어 나가는 형태의 학습을 진행해 나가라. 이 과정을 진행하다가 모르는 단어가 나오면 바로바로 사전을 찾는 습관을 들이는 것 또한 중요한데, 이는 영어학습의 기본 중의 기본이다.

그러나 참고서에 나와 있는 어휘의 뜻은 그 어휘의 단편적인 뜻만을 알려주기에 문맥에 따른 해석을 방해하여 전체적인 뜻을 왜곡시킬 소지가 있다. 따라서 사전을 통해 어휘의 정확한 뜻이 아닌 뉘앙스 위주로 의미를 익혀서 문맥에 따른 다양한 해석이 가능하도록 해야만 진정한 어휘력과 독해력이 계발된다. 이렇게 뉘앙스를 파악한 어휘는 상상력을 통해 장기기억화시킨다.

예를 들어 **heedless**히들리스 : 부주의한, 조심성 없은' 이라는 어휘가 있다면, 앞서 설명한 대표법이나 유사음법, 분할법 등을 통해 히드라나 히틀러, 허들 등과 같은 이미지를 떠올려 뜻과 매치시키는 것이다. 이렇게 '히틀러가 사람들을 조심성 없이 죽이는 모습' 이나 '허들을 넘을 때 부주의해서 넘어지는 모습' 등을 떠올리면 빠르고 자연스런 기억이 가능해진다.

이런 변형방식은 너무나 간단해서 누구라도 쉽게 할 수 있을 것이다.
여러분도 지금 'condemn컨뎀 : 비난하다, (형을) 선고하다, 운명지우다'
나 'splendid스플렌디드 : 훌륭한, 화려한, 빛나는' 등과 같은 단어를 본다
면, 바로 응용이 가능할 것이다. 각각의 단어를 보자마자 '큰 댐이나 컨
디션', '스프링, 스탠드, 계획표' 등이 연상되지 않는가? 그러한 이미지
를 뜻과 연결하여 연상해보자.

이렇게 키운 어휘력으로 단어들의 모임인 숙어나 문장을 만들어내는
것은 암기가 아닌 이해를 통해 진행되어야 한다. 많은 사람들이 숙어나
문장을 그대로 암기하려고 하는 경우가 많은데, 숙어나 문장은 단어들
의 조합일 뿐 암기대상이 아니다. 따라서 단어들의 조합으로 이해해야
하므로, '명사', '동사', '접속사', '대명사', '부사', '전치사', '형용
사', '감탄사' 등의 단어들 간의 뉘앙스를 잘 익혀두어 자연스런 이해
가 가능하도록 해보자.

수학:풀이과정을 입체적으로 이해하기!

수학은 교과서에 나오는 정의, 공식들을 이해하는 것부터 시작해야 한다. 기본적인 개념을 익히고, 공식, 용어, 공식 유도과정 등을 단순히 암기하는 것이 아니라 스스로 유도해보고 그 과정에 익숙해지도록 해야 성취도를 향상시킬 수 있다.

개념을 익히고 공식들을 이해하는 과정에는 가능한 한 그림이나 도형 등을 그려가면서 영상화시키는 것이 좋다.

수학은 공식을 제대로 파악하면 그 공식을 응용한 문제는 어렵지 않게 풀 수 있다. 많은 문제집을 여러 번 풀어보겠다는 생각보다는 교과서의 기본적인 한 문제를 풀더라도 이 문제에는 공식이 어떻게 응용되었는지, 또 어떻게 응용될 수 있는지를 파악하는 것이 훨씬 효과적이다. 이러한 기본적인 능력의 향상뿐만 아니라 어려운 문제들의 문제 자체를 이해하는 국어학습 능력의 향상만으로도 충분한 발전이 가능하다.

문제 자체를 충분히 이해할 만한 능력이 배양되지 않은 채, 기본적인 공식만 외워서 풀 수 있는 문제는 많지 않다. 이러한 문제를 해결하기 위해서는 그 상황을 입체적으로 이해하고 분석할 수 있는 능력이 뒷받침되어야 한다.

이러한 능력은 많은 문제를 풀어보는 과정에서 증진될 수도 있지만, 상황을 생생하게 떠올려보는 과정을 통해서 증진시키는 것이 보다 효과적이다. 모든 응용문제의 예문을 하나하나 손으로 풀어서 익힌다는 것은 한계가 있기 때문이다.

예를 들어 아래의 문제를 보면서 서술형 문제는 어떻게 풀어나가야 할지 상상해보자.

ex) 방학을 맞이하여 철수(남자)와 영희(여자)는 함께 수영장에 수영을 하러 갔습니다. 수영하는 사람은 모두 수영모를 써야 하는데 남자들은 검정색 수영모를 여자들은 모두 빨간색 수영모를 쓰기로 했습니다. 철수가 수영하는 사람들의 수영모 색깔을 세어보니 검정색과 빨강색의 개수가 같았고, 영희가 세어보니 검정색 수영모의 개수가 빨강색 수영모 개수의 두 배였습니다. 남자와 여자는 각각 몇 명이 수영을 하고 있었을까요?

해설
위의 문제와 같이 남자와 여자의 인원수를 파악하는 것은 전혀 어려운 문제가 아니다.

남자를 Y, 여자를 X라 할 때, **Y=X+1, Y=2X−2**라는 식을 세울 수 있고, 연립방정식의 소거법을 이용하면 쉽게 해답을 구할 수 있기 때문이다. 그러나 위의 서술형 문제는 그렇게 간단히 해결될 것처럼 느껴지지 않을 것이다. 그 이유는 문제의 상황을 충분히 이해할 수 없기 때문이다. 문제를 보는 순간 두 학생 앞에 벌어지고 있는 상황을 현실감 있게 상상하여 이해할 수 없다면, 위 문제에 접근하는 것은 엄두조차 낼 수 없다.

풀이순서

1. 철수와 영희가 수영장에 지금 서 있는 영상을 떠올린 뒤, 지금 그들의 눈에 보이는 광경이 어떨지 느껴보자.

2. **검정색 남자 수영모를 Y**라 하고, **빨강 여자 수영모를 X**라는 식으로 생각해 보자.

3. 철수의 눈에 보이는 남자의 수영모자와 여자의 수영모자가 같았다고 한다면, Y=X겠지만, 여기서 중요한 사실은 자신의 눈에 보인 수영모는 자신을 뺀 나머지 수영모이므로, 사실 **남성의 수영모 Y의 개수는 X보다 한 개가 많다는 상황**을 이해해야 한다.

식은 **Y=X+1**이다.

4. 영희의 눈에 보이는 수영모는 자신의 수영모를 제외한 것이라는 것 또한 확실히 그 상황을 봄으로써 이해해야 한다.

영희가 본 수영모는 남자가 여자의 두 배라고 했으므로, Y=2X여야 하겠지만, 자신을 제외한 여자의 수영모를 센 것이므로, **Y=2(X−1)**이 되어야 할 것이다.

5. 이렇게 두 개의 식을 만들어 비교해서 연립방정식으로 풀어보면, 남자는 네 명, 여자는 세 명이라는 사실을 알 수 있다.

수학문제를 단순히 계산문제가 아닌 상황을 입체적으로 떠올려 이해하는 문제로 받아들인다면 이러한 문제를 보다 효과적으로 다룰 수 있게 될 것이다.

과학:직접 실험하는 것처럼 풀어내기!

과학은 도표나 실험수치, 그림, 그래프 등을 이해하고 분석하는 능력이 선행되어야 한다. 어떤 결과를 증명해내기 위해 실험한 내용들을 이해하지 못한 채 결과만을 무작정 기억하려고 한다거나, 학습내용을 더욱 쉽게 이해할 수 있도록 정리하여 만들어놓은 그림과 그래프를 상황의 이해 없이 중요하게 생각하지 않고 지나가는 습관은 학습의 효율을 저하시킨다.

학습시간은 조금 더 소모될지도 모르지만 결과를 도출하기 위한 실험을 자신이 직접 설계하고 수행하면 생생하게 이해할 수 있고 또 각종 그림이나 그래프 또한 상황에 맞게 풀어서 상상해보고, 다시 자신만의 형태로 변형해보는 작업을 해보는 것은 오랜 시간 그 내용을 자신의 것으로 만들어놓는 데 대단히 중요한 역할을 한다.

핵심용어나 정의 등을 기억할 때에도 마치 자신이 과학자가 된 듯 구체적으로 영상화시킬 필요가 있다. 용어나 정의 그 자체만을 기억한다면 응용문제가 나왔을 때 해결할 수 없다.

그러나 과정을 정확히 이해하기에는 너무나 어려운 정의라면 그 정의를 자신만의 이미지로라도 임의로 변형하고 상상하면서 기억해야 한다. 어떠한 방식으로든 상상하지 않으면 즉각적인 숙지가 불가능하다는 점을 항상 염두에 두도록 하자.

ex) 곰팡이의 종류와 쓰임새

균류 중에서 진균류에 속하는 미생물. 보통 그 자체가 매우 가는 사상의 균사로 되어 있는 사상균을 가리킨다.

⇨ 자신이 알고 있는 곰팡이를 떠올린 뒤 그 곰팡이가 축축해 진득진득한 느낌을 느껴보자진균. 곰팡이가 실모양사상으로 길게 늘어서 있는 모습도 함께 떠올려보자. – 진균류의 원래 뜻을 알고 이해하는 것이 바람직하지만 실제학습에서는 깊게 알 수 있는 여유가 없으므로 자신만의 상상의 틀을 사용하는 것이다.

1. 생김새

대부분 곰팡이류는 현미경으로 보면 세포가 길쭉해져 있고 또한 세로로 연결되어 실 같은 모양을 하고 있다. 이것을 균사라고 한다. 곰팡이류 중에서 일생을 단세포로 마치는 것도 있다. 그러나 뚜렷한 세포핵을 가지고 있으며, 핵은 단핵, 2핵, 다핵인 것이 있다.

⇨ 실모양의 균이므로 균사라는 것을 이해한 후, 그 세포 안에 핵들이 들어 있는 것을 상상하기만 하면 된다. 그러나 핵이 무엇인지 모른다면 세포 안에 핵폭탄이 들

어 있는 것을 상상하라.

2. 종류

- **푸른곰팡이** : 균사의 위쪽에 총채 모양의 푸른색 포자를 만든다. 음식물을 썩게 하지만 페니실린의 원료로 이용된다.

⇨ 먼지털이총채를 푸른색 페인트로 실처럼 펴 바르는 모습을 상상한다.

- **누룩곰팡이** : 균사의 위쪽에 부채살 모양의 노란색 포자를 만든다. 간장, 된장 등을 만드는 데 이용된다.

⇨ 노란색 부채에 간장과 된장이 묻어 지저분한 모습을 상상한다.

- **털 곰팡이** : 무색의 포자가 균사의 끝에 둥근 공 모양으로 달린다.

⇨ 무색의 털이 공모양으로 뭉쳐 있는 것을 상상한다.

- **빵 곰팡이** : 붉은색 곰팡이로서 빵을 썩게 한다.

⇨ 식빵 테두리 색깔의 붉은 곰팡이를 상상한다.

- **효모** : 균사가 없고 단세포로서 구형이며 출아법으로 번식한다. 알코올 발효를 통하여 알코올과 이산화탄소를 생성하므로 술이나 빵의 제조에 이용된다.

⇨ 머리가 단세포에다 얼굴이 동글동글 구형인 아기를 출산한 효자의 모습과 그 효자가 알코올을 마시며, 안주로 빵을 먹는 장면을 상상한다.

- **깜부기 균** : 벼, 보리, 옥수수 등에 기생한다.

⇨ 벼, 보리, 옥수수 등이 까만색으로 부어오른 모습을 상상한다.

- **무좀** : 사람의 발에 생긴다.

⇨ 사람 발의 무좀을 상상한다.

3. 생태

- 몸은 실 모양의 균사

- 포자로 번식함

- 잎, 줄기, 뿌리는 없음

- 엽록체가 없어 광합성을 못 하므로 기생생활을 함

- 유기물을 썩게 하여 자연계를 청소함

⇨ 실 모양으로 생긴 균인 곰팡이는 포도모양의 자식을 낳아 번식하며, 다른 물체에서 영양분을 얻어 살아가는 기생생활을 하지만, 영양분을 다 빼앗은 후에는 가루로 만들어 날려버리는 청소부 역할도 하고 있는 모습을 상상한다.

많은 사람들이 사회과목을 암기과목으로 생각하여 주요한 사건들을 무조건 기억하려는 경향이 있다. 그러나 사회과목이야말로 무조건 암기해야 하는 과목이 아닌, 이해를 위주로 흐름을 파악하여 마치 하나의 드라마를 보듯 영상화해야 하는 과목이다.

핵심 정리집의 단편적인 암기사항을 기억하려 하지 말고 교과서 위주로 사건이 일어난 배경과 그에 따른 과정과 결과 등을 그려본 뒤, 상황을 간단히 정리할 수 있는 연대표를 만들어 전체적인 흐름을 파악하는 순서로 학습을 진행해보자. 만약 상황에 대한 이해가 충분치 않아 내용에 맞춰 정확히 상상하기 어렵다면, 자신만의 경험을 살려 새로운 이야기를 구성하는 것도 나쁘지 않다.

전반적인 흐름이 잡힌 후 세부적인 사항을 기억할 때는 아래와 같은 방법을 사용하여 장기기억화 시켜보자. 억지로 외우려 하지 않아도 쉽게 기억될 것이다.

ex)유럽세력의 동남아시아 침략

⇨ 서양의 군함이 남동쪽에 있는 필리핀, 인도네시아 등의 나라들을 침략하고 있는 영상을 떠올려보자.

가. 네덜란드의 식민지 경영

⇨ 네덜란드의 대표적인 이미지를 떠올려보자. 풍차가 떠오른다면 군함에 풍차를 올려놓고 아무것도 안 떠오른다면 너덜거리는 돛이 달린 배를 형상화하자.

① 자바의 바타비아(자카르타) → 동인도 회사의 동남아시아 경영의 중심지

⇨ 풍차가 달린 군함이 제일 먼저 중심지로 삼은 곳이 자바섬인데, 자바에 대한 이미지가 없다면 나름대로 변형하여 스타크래프트의 저그족의 기원인 '라바'를 생각한다거나 네덜란드 군함을 꽉 '잡아' 놓는 '비타민'이 많은 곳이라거나 하는 식으로 기억의 힌트를 만든다.

② 실론, 타이완 지배 → 해상교통의 요지 확보, 일본과 교역

⇨ 네덜란드 군함이 배 안에 실론티와 넥타이를 싣고 다니면서 주요 교통의 길목을 막고 일본사람들에게 팔고 있는 영상을 떠올려보자.

③ 네덜란드령 동인도 구성 : 향료무역 독점

⇨ 향료에 대해 혹시라도 잘 모를 경우, 실론티와 넥타이가 가득 찬 네덜란드 군함에 향수냄새가 가득 차 있다는 식으로 변형하여 이미지화한다.

나. 프랑스의 인도차이나 침략

⇨ 프랑스의 대표적인 이미지를 떠올려 에펠탑 모양의 돛이 달린 군함 등을 떠올린다. 그 군함이 인도차이나를 침략한 것을 기억하기 위해서 인도차이나를 나름대로 변형하여 같이 연상한다. 만약 아무것도 떠오르는 이미지가 없더라도 '인도로 차가 다니는 나라'와 같은 나름대로의 이미지를 떠올려 결합하라.

① 계기 : 가톨릭 보호를 구실로 군대파견

⇨ 에펠탑 돛의 끝에 십자가가 달려 있다는 식으로 이미지화한다.

② 사이공 조약 : 코친차이나 획득 → 전 베트남으로 지배권 확대

⇨ 그 군함이 사이공에서 조약을 맺었는데, 사이공을 기억하기 위해 배의 양쪽에 공 모양의 땅이 있고, 그 사이에서 조약을 맺었다는 식으로 이미지화해도 좋다. 코친차이나에 대한 이미지가 없다면, 그 조약을 맺기 위해 상대방의 코를 쳤다는 식으로 활동적인 영상을 만들어라.

③ 캄보디아의 보호국화

⇨ 에펠탑 모양의 군함에 탄 사람들이 까만색 옷을 입고 보디가드 역할을 하고 있다는 식의 영상을 떠올린다.

④ 청 · 프 전쟁에 승리 → 라오스 추가병합

⇨ 서양군함이 청나라 중국군함을 무찌르고 지배권을 확대하는 영상을 떠올리는데, 여기에 라오스하면 떠오르는 파라오나 라디오 등을 떠올려 결합시킨다.

다. 영국의 침략 : 말레이 연방 결성 → 싱가포르, 말라카, 보르네오 병합

⇨ 영국군함의 이미지를 떠올리고, 싱가포르나 말라카, 보르네오의 이미지와 결합한다. 영국국기가 달린 군함에 말라가는 포로들이 보르네오 가구에 묶여 있다는 식으로 간단하게 영상화할 수 있다.

라. 에스파냐의 필리핀 지배 : 플랜테이션 농업_{마닐라 삼, 담배}

⇨ 에스파냐하면 군함에 S자가 커다랗게 새겨진 모습과 같은 것을 떠올리면 되며,

그 군함의 군인들이 피리를 불며 바닐라맛 인삼과 담배를 챙기는 이미지를 떠올려

기억해보자.

지금까지 말한 영상들의 기본은 변형한 힌트 위주의 기억이 아니라 실제 벌어지고 있는 일들인 것처럼 생생히 상황을 떠올리는 전반적인 이미지가 주가 되어야 한다. 전반적인 상황들이 하나의 흐름으로 이야기가 만들어지도록 한 후에 각각의 내용을 기억할 수 있는 힌트를 덧붙여보자.